兰州财经大学科研专项经费资助

中国企业员工创新行为跨层次影响因素研究

Research on Cross-level Influencing Factors of Employees' Innovative Behavior in Chinese Enterprises

冯红霞 ◎ 著

中国财经出版传媒集团

经济科学出版社
Economic Science Press

·北京·

图书在版编目（CIP）数据

中国企业员工创新行为跨层次影响因素研究／冯红
霞著. -- 北京：经济科学出版社，2025.2. -- ISBN
978 - 7 - 5218 - 6798 - 5

Ⅰ. F279.23

中国国家版本馆 CIP 数据核字第 20256US834 号

责任编辑：杜　鹏　常家凤
责任校对：徐　昕
责任印制：邱　天

中国企业员工创新行为跨层次影响因素研究

ZHONGGUO QIYE YUANGONG CHUANGXIN XINGWEI
KUACENGCI YINGXIANG YINSU YANJIU

冯红霞　著

经济科学出版社出版、发行　新华书店经销
社址：北京市海淀区阜成路甲 28 号　邮编：100142
编辑部电话：010 - 88191441　发行部电话：010 - 88191522
网址：www.esp.com.cn
电子邮箱：esp_bj@163.com
天猫网店：经济科学出版社旗舰店
网址：http://jjkxcbs.tmall.com
固安华明印业有限公司印装
710×1000　16 开　11.5 印张　200000 字
2025 年 2 月第 1 版　2025 年 2 月第 1 次印刷
ISBN 978 - 7 - 5218 - 6798 - 5　定价：99.00 元
（图书出现印装问题，本社负责调换。电话：010 - 88191545）
（版权所有　侵权必究　打击盗版　举报热线：010 - 88191661
QQ：2242791300　营销中心电话：010 - 88191537
电子邮箱：dbts@esp.com.cn）

前　言

改革开放 40 余年，我国取得了举世瞩目的伟大成就。当前正处于中华民族伟大复兴的重要历史时期，国际形势上挑战与机遇并存，中国式自主创新成为我国经济发展面临的最关键任务。作为一名从事工商管理研究 20 余年，参与企业管理实践近 30 年的高校教师，有感于我国在经济方面的巨大成就和面临的严峻挑战，以及在实践中体会到的"创新"对于企业的重要性，我决心对企业员工的创新行为开展研究，试图分析影响员工创新行为的各种因素的作用机制，剖析创新行为产生的深层次动机，并进一步根据研究结果提出促进员工产生创新行为的策略建议，为我国企业更好地实现自主创新发展提供决策参考。

本书着手于 2022 年 1 月，研究团队查阅文献资料并深入企业调研，并于 2022 年 3 月确定了研究主题。2022 年 3 月至 5 月收集文献资料，与有关专家深入访谈，确定初始问卷，开展预调研，最终形成正式问卷。2022 年 7 月至 12 月利用问卷星、微信、QQ、电子邮件等方式进行了在线调研，共收集到 445 份有效问卷。2023 年 1 月至 7 月对其进行了统计学分析、结果验证与讨论，得出研究结论。2023 年 8 月开始撰写书稿，于 2024 年 9 月正式完稿。

在本书的研究和撰写过程中，得到了泰国西那瓦大学普拉蒂克什亚（Pratikshya）教授，兰州财经大学郝金磊教授、董原教授、荆炜教授、陆凤英教授和王廷丽副教授，甘肃三力会展张矚总经理的大力支持和帮助，普拉蒂克什亚教授和郝金磊教授审阅了本书初稿并给予了宝贵的意见与建议，使本书内容更加充实和完善。

　　同时，感谢参与调查的445名中国企业员工的配合与合作，感谢研究团队的全体成员，是大家的共同努力，使研究得以顺利完成。最后，感谢我的家人和朋友，是他们的支持和鼓励，使我在研究和写作过程中克服了各种困难。

　　本书借鉴了国内外学者的大量学术著作，因篇幅所限，不能一一注明，在此向著作者深表谢忱。

　　由于笔者学识有限，难免存在错误与疏漏，恳请广大读者批评指正。

冯红霞

2025 年 2 月于甘肃兰州

目　录

第1章　绪论 ……………………………………………… 1

1.1　研究背景与研究问题 ……………………………… 1

1.2　研究目的与意义 …………………………………… 5

1.3　研究内容与框架 …………………………………… 7

1.4　研究方法与技术路线 ……………………………… 9

第2章　文献综述 ………………………………………… 13

2.1　研究的理论基础 …………………………………… 13

2.2　员工创新行为相关研究 …………………………… 21

2.3　心理资本相关研究 ………………………………… 29

2.4　工作投入相关研究 ………………………………… 35

2.5　知识分享相关研究 ………………………………… 41

2.6　组织创新氛围相关研究 …………………………… 47

2.7　领导—成员交换相关研究 ………………………… 52

第3章　框架模型与研究假设 …………………………… 59

3.1　概念界定与框架模型 ……………………………… 59

3.2　研究假设 …………………………………………… 60

第4章　研究设计 ·········· 68

4.1　调查问卷设计 ·········· 68

4.2　数据收集与样本量 ·········· 77

4.3　描述性统计与信度效度分析 ·········· 80

4.4　结构模型检验与假设检验 ·········· 85

第5章　实证分析与假设检验 ·········· 87

5.1　样本描述性统计与信度分析 ·········· 87

5.2　KMO 检验与探索性因子分析 ·········· 91

5.3　验证性因子分析 ·········· 98

5.4　结构方程模型检验 ·········· 104

5.5　中介效应假设检验 ·········· 107

5.6　调节效应假设检验 ·········· 109

第6章　结论和建议 ·········· 122

6.1　研究结果与结论 ·········· 122

6.2　结果讨论 ·········· 126

6.3　研究创新与管理建议 ·········· 130

6.4　研究局限与未来展望 ·········· 134

参考文献 ·········· 137

附录 A 中国企业员工创新行为影响因素问卷调查初始问卷 ·········· 165

附录 B 中国企业员工创新行为影响因素问卷调查正式问卷 ·········· 170

附录 C 关于中国企业员工创新行为影响因素深度访谈提纲 ·········· 175

附录 D 正式问卷的 IOC 结果 ·········· 176

第1章

绪　　论

1.1　研究背景与研究问题

1.1.1　研究背景

当前，国际政治、经济和社会形势都呈现出前所未有的巨大变化，全球经济持续低迷，贸易保护主义有所抬头，技术壁垒增加，国际贸易竞争空前激烈。在国家及地区之间的经济竞争中，创新已成为一个关键要素，许多国家的政府工作报告中都明确提到了"加速创新"的发展要求。由于创新具有多重复杂性与不可预测性，越来越多的国家、地区和企业开始重视和加大创新投入，增强对核心技术的研发与保护，从而获得核心技术的所有权与话语权，以在竞争中取得决定性优势。

我国企业的健康发展仍然缺乏大量的"瓶颈"技术，在当前激烈竞争的环境下，加快发展核心创新能力以积极参与国际竞争势在必行。2014 年以来，为推动经济结构优化转型，实现创新发展战略，我国全面启动"创新驱动"工作，推动创新发展。同时，随着越来越多的"90 后"和"00后"员工加入劳动大军，企业中"创新型员工"的数量逐年递增。他们具有乐于创新的主观意识、擅于创新的专业能力，以及自我实现的强烈动机。他们广泛分布于企业的研发、生产、营销、人力、策划、宣传等不同部门和不同管理层次，是能够敏锐识别企业的管理问题、发展局限和前景的创新单元。为了保证具有创新活力的员工得到最好的培训和发展，使他们能够在工作中准确辨别机会、产生灵感、创新成果，企业必须给予创新型员工足够的尊重和发展机会，并为他们提供创新所需的各种组织资源，成为员工创新的坚强后盾，使他们自愿参与企业各个层面的创新工作。

任何行为都是伴随着动机而产生的，所以要使员工乐于创新、善于创新，就必须了解哪些因素可以引发创新动机。有研究指出，组织的环境特征对员工创新行为有正向影响，表明组织的价值观、工作要求与标准、行为规范、薪酬分配等会影响员工的工作动机，从而影响其创新行为（Woodmanand Sawyer, 1993）。个人—组织匹配对员工创新行为有正向影响，表明当个体感受到自身特征与组织需求、供给以及能力要求相匹配时，会增强其内在的工作动机，从而促进创新行为。此外，内在动机在个体—组织匹配与员工创新行为之间的关系中起部分中介作用，说明内在的兴趣和喜好对于激发个体创新行为具有重要作用。同时，成就感作为一种心理状态，能够正向调节个体—组织匹配与内在动机之间的关系，即在一定的成就感驱动下，个体更可能因为与组织的匹配而表现出更多的创新行为。知识分享可以增强员工之间的联系与交流，促进组织学习氛围的培养和学习型组织的构建，培育适于创新的土壤，促进创新思维碰撞，从而激发出新的思想、灵感与行为（Armbrecht et al., 2001）。心理资本也是影响员工创新行为的重要因素之一（Avey et al., 2008; 高伟明等, 2017）。佩曼等（Peyman et al., 2015）证实了员工的人格特质及其分享知识的意愿和能力会影响个人的创新行为。张兰霞等（2022）基于工作—家庭资源模型和问卷调查，研究了员工对上级信任感知影响其创新行为的作用机制。

一般来说，员工的创新行为受到个体、组织和领导等不同层次因素的影响。而以往多数学者只研究了单一层次因素对员工创新行为的作用。如果只从某个层次视角研究员工创新行为，在理论基础和实践检验上都会存在一定的缺陷。虽然通过研究可以找到影响员工创新行为的具体因素，但研究结论往往存在较大的局限性，无法应用于企业的管理实践中。因此，有学者尝试采用跨层次的视角开展研究。例如，陈淑玲（2006）选择个体因素中的平衡心理契约实践和组织因素中的组织创新氛围作为自变量，研究两者对个体创新行为的影响机制。张文勤等（2008）研究了组织因素中的创新氛围和领导因素中的领导特征对员工创新行为的作用。彭正龙等（2011）则研究了领导因素中的新兴领导类别和组织因素中的团队情绪如何影响员工创新行为。孙锐等（2009）、张敏（2013）采用层次分析的方法分别讨论了领导成员交换、团队成员交换、组织创新气氛，以及建设性争论和团队情绪对创新行动的影响。王雁飞（2022）采用跨层次的研究方法对数据进行了分析，探讨了伦理型领导对员工创新行为的作用及相应的机制。

以上研究都把个体因素作为影响员工创新行为的重要因素，同时考虑了组织方面的因素或领导方面的因素对员工创新行为的影响，丰富了研究视角与成果。但在创新行为的跨层次研究中，极少有学者将个体因素、组织因素和领导因素同时引入进行研究。

本书在已有研究成果的基础上，开发了一个包括个体、组织和领导因素的跨层次模型，以分析各因素对员工创新行为的作用机制。把个体层面的心理资本、知识分享和工作投入三个因素纳入研究模型，其中知识分享为自变量，心理资本为中介变量，工作投入为调节变量；把组织层面的创新氛围和领导层面的领导—成员交换两个因素也纳入模型，作为自变量。通过对三个层次变量之间的相互关系进行深入的探讨分析，以期为员工创新行为的跨层次影响因素研究在管理中的应用提供参考，并进一步根据分析结果提出具体的策略措施，以促使员工在组织中产生更多有价值的创新行为。

1.1.2 研究问题

随着经济全球化、国内外不确定性因素的增加、技术变革和环境动态变化的加剧，企业面临着越来越大的生存空间和压力，而员工的创新行为直接影响着企业的生存。一方面，随着互联网的普及，知识得到了最大范围的交流与共享，大量的知识和资源得到了广泛应用。然而，由于创新的新颖性、超前性和价值性，许多国家都对关系本国经济命脉的核心竞争技术加以限制和垄断，这进一步加剧了创新竞争，并提高了员工创新行为的门槛。另一方面，由于企业创新离不开创新人才，而每位员工都有自己独特的异质性，都有自己的心理特征、知识背景，以及对创新的认知和差异，这就给企业创新带来了相应的问题与挑战。

因此，本书基于当前员工创新行为的研究热点和文献综述，将中国企业员工的创新行为作为研究对象，深入探讨了心理资本、知识分享、组织创新氛围、领导—成员交换、工作投入等因素对员工创新行为的影响和作用机制。进而在研究结果的基础上提出了提高员工创新行为的一些具体策略，包括鼓励员工创新思维的发展、调查和整合员工创新资源、构建科学有效的创新渠道等。

由于企业的可持续发展与创新密切相关，企业需要培养员工的创新能力，并充分利用和发掘现有员工的创造力。与此同时，日益加剧的"贸易战"和技术壁垒使我国企业的发展面临更大的挑战，自主技术创新变得更加迫切和珍贵。企业应如何面对这一系列的"市场阻碍"，如何进一步拓展高科技产品市场，如何满足客户个性化、多样化的需求？实践界和理论界普遍认为，要使企业克服以上困难与阻碍，实现良性发展，就必须提升员工的创新行为。因此，要重点识别和分析员工创新行为的影响因素，并在此基础上提出鼓励员工创新的有效对策。

本书将深入探讨以下问题。

（1）组织创新氛围对员工创新行为的作用机制如何？心理资本在这一路径中起什么作用？

（2）领导—成员交换对员工创新行为的作用机制如何？心理资本在这一路径中起什么作用？

（3）知识分享对员工创新行为的作用机制如何？心理资本在这一路径

中起什么作用？

（4）工作投入如何调节心理资本、知识分享、组织创新氛围和领导——成员交换对员工创新行为的作用路径？

1.2　研究目的与意义

1.2.1　研究目的

本书在文献综述的基础上，以中国企业员工创新行为为研究对象，采用理论与实证相结合的方法，从个体、组织和领导三个层次研究员工创新行为的影响因素，主要研究了组织创新氛围、领导——成员交换、知识分享、心理资本与员工创新行为之间的关系，心理资本在各路径中的中介作用，工作投入的调节作用及其他相关问题，并试图实现以下研究目标。

（1）考察员工创新行为、工作投入、领导——成员交换、知识分享、组织创新氛围和心理资本之间的关系，检验工作投入、领导——成员交换、知识分享、员工心理资本和组织创新氛围对员工创新行为的影响。

（2）分析组织创新氛围、领导——成员交换、知识分享三个变量对员工创新行为的影响路径，明确组织创新氛围、领导——成员交换和知识分享如何以心理资本为中介作用于员工创新行为，讨论工作投入如何调节假设模型中的每条路径。

（3）讨论组织创新氛围、领导——成员交换、工作投入、心理资本和知识分享影响员工创新行为的作用机制与程度的不同。

（4）根据研究结果，为鼓励员工创新行为、加快企业创新发展提供政策建议和决策支持。为企业强化员工心理资本、营造组织创新氛围、改善领导与成员的沟通、加强员工知识分享和工作投入，进而提升员工创新行为提供具体的策略和建议。

1.2.2 研究意义

1.2.2.1 理论意义

通过回顾以往的研究文献与成果，本书针对企业创新管理实践的重要问题，结合当前员工创新行为理论研究存在的不足与研究空白，对个体、组织和领导三个层次的影响因素对于员工创新行为的作用机制进行实证研究，具有重要的理论价值。

员工创新行为是创新领域的重要研究方向之一。目前为止，大多数研究都集中在三个层次中的某一层次上——个体、组织或领导，并以此为前提条件，研究了影响员工创新行为的因素。然而，在个体、组织和领导因素之间存在着复杂的相互作用关系。因此，为了研究员工创新行为的影响机制，本书从个体、组织和领导三个层面进行分析，选择组织创新氛围、领导—成员交换和知识分享作为自变量，并选择个体心理资本作为中介变量，创新了研究视角与理论模型。同时，为了探索新的研究主题和方法，本书还检验了工作投入作为调节变量在心理资本、组织创新氛围、领导—成员交换和知识分享对员工创新行为的影响路径中的调节作用。

1.2.2.2 实践意义

全面建设社会主义现代化国家，创新是其中一个决定性因素。然而，当前许多企业对影响员工创新行为的作用机制不清楚，对创新战略缺乏科学规划，创新效果难以达到理想目标。在此背景下，本书将帮助企业发现影响员工创新行为的因素及作用机制，满足企业对于激励员工创新行为、保持与提升企业竞争优势的发展需求，对于我国创新驱动发展战略的实施具有重要实践意义。

在研究结论的基础上，本书为政府制定相关激励创新的政策措施提供

决策依据，为企业创新发展提供策略建议。企业可以采取各种有效措施提
升员工的心理资本，培养鼓励创新的组织氛围，改善领导—成员交换关
系，鼓励员工在组织内分享他们的知识，更积极地参与工作，产生更多的
更有价值的创新行为，推动企业实施创新战略，促进中国企业加速创新与
发展，增强国际竞争力。

1.3　研究内容与框架

1.3.1　研究内容

（1）针对中国企业当前面临的重大历史机遇与挑战，将员工创新行为
的影响因素作为本书的研究对象与目标。

（2）学习借鉴已有的员工创新行为研究思路与方法，辨析各类方法的
优点与适用条件，探寻员工创新行为影响因素研究的热点与发展趋势，并
与相关理论相结合，明确本书的逻辑思路、研究方法与技术路线。

（3）把跨层次因素分析作为本书的理论创新点，构建包含个体因素
（心理资本、知识分享和工作投入），组织因素（组织创新氛围）以及领导
因素（领导—成员交换）在内的员工创新行为影响因素的理论框架与概念
模型，并根据相关理论成果提出研究假设。

（4）开展实证研究。首先，借鉴已有的成熟问卷并对专家进行深度访
谈后拟定初始问卷，再通过预调查修正问卷，形成正式问卷。其次，采用
问卷星和微信、QQ等平台，针对性地收集西南、西北、华南、华北等地
区各类企业员工的大样本数据。再次，利用SPSS26.0和AMO26.0软件，
对数据进行相应的统计学分析，并进行模型检验与假设检验。最后，得出
研究结论，提出策略建议。

本书主要设计了以下六个章节。

第1章是绪论。包括研究背景与研究问题、研究目的与意义、研究内

容与框架、研究方法与技术路线等。

第 2 章是文献综述。对相关文献进行梳理归纳，总结现有的关于员工创新行为的研究成果，分析现有成果的研究空白，为后续研究提供翔实的理论基础。

第 3 章是框架模型与研究假设。根据已有研究成果并基于一定的理论创新，设计研究模型，确定了 14 个研究假设与路径关系。

第 4 章是研究设计。主要包括数据收集与分析两部分内容。其中，数据收集程序包括人口和样本量的确定、变量的定义与测量、深度访谈、设计调查问卷、预调查、正式调查。数据分析程序则包括描述性统计分析、信度分析、KMO 检验、探索性因子分析、验证性因子分析、结构模型与中介效应、调节效应检验等。

第 5 章是实证分析与假设检验。包括对样本数据的有效性和可靠性检验，对各测量模型的结构效度、收敛效度和区分效度检验，对结构模型拟合度和路径系数检验，假设检验等。

第 6 章是结论和建议。确定通过验证的结构模型，将研究结果与其他学者的结论及观点进行比较分析；总结本书的创新之处以及理论和实践意义；提出对企业管理实践的建议与策略，指出本书研究局限与未来展望。

1.3.2　研究框架

本书的目的在于探索员工个体因素、所处组织因素和直接领导因素对个体创新行为的综合影响作用。在深入剖析现有文献成果的基础上，提出将员工创新行为的影响因素作为研究对象，通过定性研究与定量研究，论证和分析员工个体内部因素与外部因素的交互作用及对创新行为的影响机制。本书的研究框架见图 1.1。

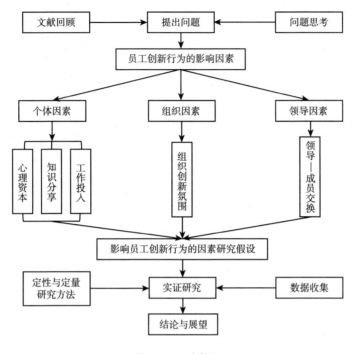

图1.1　研究框架

1.4　研究方法与技术路线

1.4.1　研究方法

研究方法选择的科学性与合理性，影响和决定研究结论能否对管理实践产生实际指导意义。本书采用定量研究与定性研究相结合的方法，构建框架模型，提出研究假设，并采用多种统计分析方法对假设模型进行检验，获得研究结论。在整个研究过程中主要使用了以下研究方法。

1.4.1.1　问卷调查法

问卷调查法是将事先设计好的问卷提供给被调查者，要求其在指定时间内按照要求填写每个项目以获取有关调查信息的一种快速而有效的方法，是经济管理学科经常使用的调查分析方法。问卷调查法的优点如下。一是收集信息迅速。可以在同一时间对大量被调查者发放问卷，开展调查，和访谈法、观察法等相比，具有较高的效率。二是调查范围较广。调查者计划了解的所有项目，都可以设计在问卷中。三是调查方法较容易掌握。问卷设计和发放、填写说明、回收程序等都相对简单，调查人员经过简单培训即可。四是可数量化，便于统计分析。调查问卷在设计时，就已经充分考虑调查结果的应用性，所以问卷一般以标准化选择题为主，通常采用李克特5级或7级量表。问卷调查结果可以通过统计软件进行分析，问卷设计通常要遵循明晰、高效、合理和完整原则。

1.4.1.2　文献研究法

文献研究法是广泛收集学术期刊、学术著作等各类文献资料，筛选出与研究问题密切相关的高质量文献，经过鉴别、整理后，对核心文献进行深入阅读和对比分析，最后通过撰写文献综述，系统梳理和评述研究领域内的主要理论和研究成果，形成自己的研究思路与观点。文献研究法普遍应用于各类科学研究。本书在充分阅读和分析重要文献的基础上，确定研究目标与内容，提出研究思路。在变量维度的确定和测量量表的选择上，借鉴了成熟的理论和量表，这是本书的基础。前人的研究范例、测试标准和技术都在整个数据收集和分析过程中使用，并作为重要参考依据。文献研究法是本书使用的关键方法之一。

1.4.1.3　深度访谈

深度访谈，又称自由访谈或非结构性访谈，是一种面对面的，自由发挥的，一对一的访谈。由于没有固定的问题和流程，一般只告知对方本次访谈的主题，双方可以就该主题自由发挥，畅所欲言。这一方法有效避免了人际压力带来的影响，容易了解到访谈对象对某问题的真实态度与观点。深度访谈取得良好效果的关键是：访谈者拥有高度的访谈技巧，友好亲切的态度，能够营造轻松和谐的氛围，不评论访谈内容，认真记录。本书对来自高校和企业的 6 位专家进行了深度访谈，结合他们的观点和建议，找出影响员工创新行为的因素，并根据深度访谈的结果，对初始问卷进行了系统修订。

1.4.1.4　SPSS 统计分析

本书采用 SPSS26.0 进行统计分析，有描述性统计分析、信度效度分析、探索性因子分析、多元回归分析和层次回归分析等。主要是验证变量之间的相互关系与模型的可靠性，检验变量之间的中介效应与调节效应。在多元回归分析中，几个独立变量被组合在一起，以创建一个回归方程来预测与因变量的相关程度。

1.4.1.5　结构方程模型

在社会科学研究中，结构方程模型（structural equation modeling，SEM）也称为潜变量模型，是一种重要的多元数据分析工具和研究方法。结构方程模型结合了因子分析和路径分析两种不同的统计方法，分为测量方程和结构方程，测量方程的主要目的是解释潜在变量和可观察变量之间的关系（也称为外部关系）。结构方程的主要功能是解释潜在变量如何相互关联（也称为内部关系）。结构方程模型图可以直观地描绘出各变量之间的相互作用关系及影响强度，适用于多个变量的定量关系研究。因为具有易操作性与灵活性，结构方程模型得以广泛应用。本书使用结构方程模型进行验证性因子分析和模型拟合度以及路径系数有效性检验。

1.4.2　技 术 路 线

本书从研究思路、方法和内容三个方面制定技术路线。本书的技术路线见图 1.2。

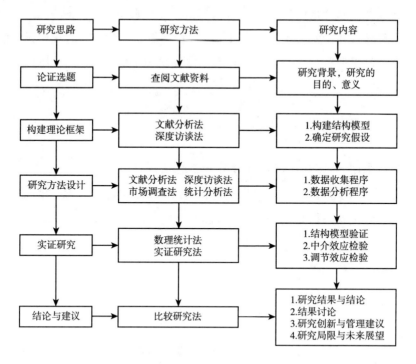

图 1.2　技术路线

第 2 章

文献综述

2.1 研究的理论基础

2.1.1 心理资本理论

从特质理论的角度来看，戈德史密斯等（Goldsmith et al. , 1997）认为，心理资本是一种先天稳定的特质。阿迪齐维利（Ardichvili, 2011）指出，作为影响组织绩效的一种新的战略资源，心理资本理论越来越受到学术界的重视。路桑斯等（Luthans et al. , 2005）从综合理论的角度将心理资本视为由各种因素组成的态度或状态，它包含了影响员工心理状态稳定或不稳定程度的广泛要素。目前，大多数研究者认可从综合理论的角度解释心理资本。路桑斯和约瑟夫（Luthans & Youssef, 2004）认为，心理资本是积极的心理状态，心理资本是在积极心理学、积极组织行为的概念基础上形成的（Wright, 2003）。学者们认为，心理资本不同于社会资本和人力资本，它描述了使个人成功的有益的心理资源。在员工的创新行为中，包含跳出思维框架、创造新产品等行为，这些都与个人的自我定位有关（你是谁），以及未来的可能性（你正在成为谁）（Luthans et al. , 2006）。因此，心理资本是本书用来预测员工创造性行为的主要因素。

心理资本是一种能够帮助人们取得成功的心理资源（Baron et al. , 2016），心理资本能够使人更加自信、更加乐观、更加坚定地克服工作中的困难与挑战，坚持不懈地努力，实现自己的目标。另外，在必要的时候，他们会根据不同的情况采取不同的反应。无论是在过去、现在还是未来，他们都能在成功的喜悦中做出积极的归因，也能在艰难的情况下永不放弃并坚持自己的立场（Peterson et al.，2011）。员工在创新过程中，不可避免地会遇到无数次的失败与打击，这就要求员工要有强大的心理，始终保持积极的心态。心理资本是创新行为顺利实施的重要保障。同时，积极的心理状态使员工在面对创新过程中的不确定性时，能够及时调整创新方式与内容，取得较好的创新效果。因此，本书根据心理资本理论的核心观点与内容，将员工的心理资本列为重要的研究变量之一，探讨心理资本对员工创新行为的影响机制，以及心理资本在其他因素对员工创新行为作用过程中的中介作用。

2.1.2 工作要求—资源模型理论

工作要求—资源模型理论认为，组织环境分为工作要求和工作资源两类（Bakker & Demerouti，2007），员工个体会因组织的工作要求而产生工作压力，会因组织提供的工作资源而产生工作动力。两者相互作用后会使个体产生相应的工作行为和绩效。这一模型重点关注员工在面对不同的工作环境时产生的不同心理和行为过程（见图2.1）。

工作要求是指员工心理上感受到的工作压力或负担，既包括身体和生理层面，也包括社会和组织层面（Bakker & Demerouti，2007），会体现在很多方面。例如，必须在有限的时间内完成组织目标，或者不得不在一些有限的资源下完成困难的任务以促进绩效的实现，迫于组织氛围压力而遵守所谓的"职场潜规则"等（Demerouti，2001）。当个体感到自己的资源已经丧失或耗尽时，他们会尽力获取资源以防止资源耗尽。员工对工作的热情、忠诚等正能量会随着工作资源的减少而流失，引起工作倦怠（Hobfoll，2000）。如果员工缺乏丰富的心理资本和积极的能量，则很难缓解这种工作倦怠（Brotheridge，2002）。

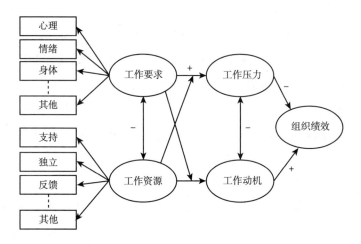

图 2.1 工作要求—资源模型

资料来源: A. B. Bakker, E. Demerouti. The job demands-resources model: State of the art [J]. Journal of Managerial Psychology, 2007, 22 (33): 309 - 328.

工作资源是由组织提供的与工作相关的各种资源（Bakker & Demerouti, 2007），主要包括组织支持性资源、社会资源等。这些资源可以是具体的也可以是抽象的，能够抵御工作要求带来的压力，还可以帮助个体达成积极的工作绩效。具体的工作资源如给予员工增加薪资、升迁机会、良好的办公环境与条件等；抽象的工作资源如上级领导的支持与信任、民主的组织文化、高效的团队协作等。工作资源可以抵消工作要求造成的磨损。

根据弗罗姆（Vroom, 1964）的期望理论，实际报酬与期望价值的比率将激励个人完成任务和投资的程度。从期望理论的角度来看，为员工提供的资源及报酬大于员工期望水平时，员工就会表现出更多的组织期望行为。例如，员工实现绩效目标后，组织及时支付相应奖金，则会激励员工继续保持高绩效工作状态。如果组织对工作环境进行改进，为员工提供充足、优质的资源，员工的积极性和参与度就会得到提高，工作资源就会成为激发员工工作投入的驱动力（Halbesleben, 2010）。通过提供足够的资源，使他们感受到自己是公司的一部分并完成工作，他们会在身体上、情绪上和认知上更多地融入工作环境，员工就会产生各种创新行为，提升企业的创新绩效（Bakker & Demerouti，2007）。

根据图 2.1，如果组织只提高对员工的工作要求而不增加工作资源投入，则工作要求增加会带来工作压力增加，而工作资源缺乏会导致工作动力不足，使员工感受到的压力过大，动力太小，从而减少工作投入。反之，如果组织不仅提高对员工的工作要求，而且增加工作资源投入，那么在工作压力提高的同时，员工的工作动力也会相应提高，从而加大工作投入，提高工作绩效（唐源，2021）。

曹威麟等（2013）根据马斯拉奇等（Maslach et al.，2001）的工作—个体匹配模型整理出一个三维连续体的关系图，将工作投入和工作倦怠两个对立的维度与其他工作因素结合起来（见图 2.2）。当组织中的工作强度、组织价值观、集权程度、薪酬制度、团队协作、公平等因素与员工个体的匹配程度越高，员工对工作的投入越多；而当组织中的这些因素与员工的个体匹配程度越低，员工越有可能感到工作倦怠。这一模型说明工作投入的对立面是工作倦怠，组织必须认真设计这些组织因素，力争与创新型员工的个体特征相匹配，以激励其加大工作投入，提升创新绩效。

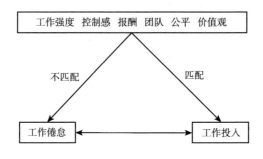

图 2.2 工作—个体匹配模型

资料来源：曹威麟，彭传虎，梁樑. 国外工作投入与工作倦怠研究述评与展望 [J]. 科研管理，2013，34（11）：154–160.

2.1.3 知识管理理论

关于知识管理的起源和发展有许多不同的观点，根据德鲁克（Drucker，1993）的预测，知识最终将取代企业中的传统生产要素（如土地、劳动力、资本、机械和设备），而知识只能通过有条不紊的学习转化为动力。格兰特（Grant，1996）从知识的角度探讨了组织的形成，探讨了知识与组织管理的相关性，并将"知识"视为组织的单位。

韦格（Wiig，1997）认为，知识管理的基础构建于 1975 年，查帕拉尔钢铁公司（Chaparral Steel）作为学习型组织的经典案例，是最早明确将知识实践应用于管理导向的组织之一。自 20 世纪 80 年代以来，企业和管理研究者越来越重视知识管理，知识管理被广泛应用于企业管理实践及学术研究（Girard，2015；Dalkir，2017）。知识管理自产生以来经历了不断演变的历程，可以概括为三个阶段：技术论阶段、转化论阶段和过程论阶段。

知识管理至今还没有一个统一的定义。知识管理是将知识系统地运用在组织管理上，利用新创造的知识高效地管理组织经营策略，以满足组织发展需要（Drucker，1993）。根据奥戴尔和格雷森（O'dell & Grayson，1998）的观点，知识管理是一种"有意识的战略"，旨在通过帮助个人共享信息并合理应用来提高组织绩效，同时及时将适当的知识提供给适合的人。知识管理通过提供知识信息，激励和提高员工的理解、判断及决策能力来应对工作所带来的挑战（Alavi，2001）。事实上，"知识管理"这一管理思想已经存在了 30 多年。各个领域的专家将知识管理应用到企业管理实践和学术实践中（Girard，2015）。如何获取、持有和使用知识已经成为组织创新和可持续管理的必要条件。利用创造的新知识，并结合组织的有形资产和无形资产，成员和组织相互合作，持续管理满足组织有效业务需求的所有战略（Heijst，1997）。具有高知识管理能力的组织将提高产品质量和员工的素质（Kiessling，2009），并提高组织的整体创新能力（Gloet & Terziovski，2004）。

知识管理能够改进组织行为（Mills，2011），提高组织绩效与竞争力（Lee & Choi，2003）。知识管理水平高的组织，员工的素质水平会不断提高，会更积极主动地改进产品质量（Kiessling et al.，2009），组织的创新能力也不断提升（Gloet & Terziovski，2004；Darroch，2005）。员工主动分享知识的数量越大，知识管理的效果越强（Quigley et al.，2007）。增强员工知识分享意愿，使其愿意与其他成员分享自己的知识与经验，并具备知识分享与学习能力，有助于提高员工绩效与组织绩效，会进一步提升员工的创新行为（Obeidat & Tarhini，2016）。

如果组织充分重视知识管理，注重培养员工较强的知识分享意愿与能力，使其在工作中积极主动与其他成员进行知识分享、共同学习，就会提升员工整体的知识与素质水平，而且能够促进员工间的交流与合作，激发员工创新行为。因此，本书从知识管理理论视角，探讨知识分享这一关键要素对员工创新行为的影响效果。

2.1.4 双元创新理论

《经济发展理论》一书的出版标志着创新理论的产生，它首次将创新与经济学相结合，认为经济的发展离不开创新（Schumpeter，1934）。创新是采用新的生产工艺或流程，重新对生产要素进行组合，生产出适应市场需求的新产品。创新理论强调，在企业发展中，需要不断对现有产品的生产技术或生产流程等进行创新，以创造出新的产品。新产品必须有新的性能或新的价值，才能满足市场需求（Schumpeter，1934）。

双元创新理论认为，创新主要分为利用式创新和探索式创新。利用式创新的属性有渐进、提高、选择、凝练、效率等；探索式创新的属性有探索、创造、发现、灵感等。组织需要将创新作为一种生存手段，以便适应动态的外部环境的不断变化的需求，同时也保持现有市场和利润的稳定性，因此，组织必然要协调两种创新之间的关系（March，1991）。早期的研究强调这两种创新活动是相互排斥的，但近年来又强调它们可以并行权衡和发展，以达到双元性的状态，而双重创新既能开发组织的新能力，又能保持原有的优势（Adler，1996；Gupta，2006；Raisch，2008）。邓肯（Duncan，1976）在著作《双元性组织：为创新设计双重结构》中首次使用了"双元性组织"这一术语，认为它同时具有"进化"和"革命"的性质，解释了组织在不同时间范围内的柔性和管理能力的双重结构（Tushman，1996）。

马奇（March，1991）首次将双重观点应用于组织学习。他认为，从事过多探索性操作的组织会消耗过多的实验成本，因为只是新的想法还没有发展成新的功能或技术；相反，如果只注重利用运营，仅依靠现有的技术或资源，那么只能安于现状，陷入发展的困境。

探索性创新是寻找新的灵感与突破，是主动的、积极的、创造性的创新行为。探索性创新不仅寻求新方法、新市场和新客户来提供新服务，而且努力超越现有的知识基础（Lewin，1999）；利用性创新则强调对已有知识的提炼和完善，是一种保守的、渐进的消极创新行为，是对现有的产品和生产技术等的进一步开发，更新性能，改进外观，拓展营销渠道，提升服务等（Benner，2002；Enkel，2014）。研究发现，管理者对创新行为的鼓励会促进员工创新（Anderson，2014；Chen，2016）和主管的角色期望（Scott & Bruce，1994）。

双元创新行为受到组织和个人对创新资源配置的影响。该组织将考虑开拓新市场的可能性，但不会立即投入所有资源开发新产品并放弃现有市场。因此，需要在保持原有市场盈利能力的基础上，投入一些资源进行探索式创新，以实现两者的协调。探索式创新的优势在于着眼长远利益，寻求积极探索；劣势在于不易实施，需要付出较大代价。利用式创新的好处是可以在维持现有利益的情况下一步步向外扩张；缺点是容易墨守成规。

双元创新行为理论的应用，使组织在确定其经营战略时，既会考虑开展重大探索性研发和探索新需求、新市场，又不会把全部资源都投资在这种探索性研发与开发上。员工作为组织创新行为的载体，其创新行为的产生与激发必然受到组织对创新资源配置和创新支持政策等的影响。因此，本书在确定员工创新行为的含义与维度、选择员工创新行为测量问卷时，以双元创新理论为基础和出发点，探讨员工创新行为的多因素影响机制。

2.1.5 资源基础理论

潘罗斯（Penrose，1959）首次提出"资源"的概念。巴尼（Barney，1986）认为，企业就是物质资源、信息资源、人力资源等各种资源的有机集合。"资源基础理论"的提出，对人类经济社会发展具有重要的意义，企业拥有的资源不同，则竞争能力不同。所有的企业拥有的资源都是独一无二的，没有两个企业的资源完全相同（Wernerfelt，1984）。

按照资源基础理论的观点，企业必须高度重视内部资源的高效融合，从而形成稳定的核心竞争力，保持竞争优势。巴尼（Barney，1991）认为，企业主要有物质资源、组织资源和人力资源。物质资源指企业所拥有的资金、核心技术、原材料、土地、机器设备等；组织资源指企业的管理制度、组织文化、工作流程、员工关系等；人力资源则指企业拥有的员工数量与素质水平。纽伯特（Newbert，2007）提出了资源的静态观点和动态观点，并建立了相应的模型。

黄培伦等（2009）进一步拓展了纽伯特的研究结论，界定了静态能力和动态能力的含义，指出静态能力主要是指企业当前拥有的经济实力，如人力、物力、财力、核心技术等；动态能力则指企业的竞争活力，如产品更新速度、研发潜力、员工创新行为等。他认为，企业是一个静态能力与动态能力的结合体。资源基础理论对于现代经济发展具有重要的实践意义。为了超越竞争对手，高新技术企业尤其需要改善企业内部的知识管理模式，加速知识创新（杜维等，2009）。

何塞（José，2014）对2005年以来发表的关于资源基础理论的相关文献进行了梳理，发现主要的研究领域包括企业经营管理活动和能力；员工心理资本和认知；知识管理、人力资本、核心技术创新、动态发展能力、企业的特殊资源等，研究内容涵盖了企业各层次的资源类型。张军成（2015）认为，资源基础理论能够帮助我们更好地研究知识管理能力和组织学习能力。这些研究成果，有助于企业提升识别自身潜力与把握发展机会的能力。

2.2　员工创新行为相关研究

2.2.1　员工创新行为的内涵研究

熊彼特（Schumpeter，1934）认为，创新就是一种创造性的行为。德鲁克（Drucker，1985）则认为，创新是一种创造性的努力，能将资源转化为能够创造财富的实际资源，包括创造新的商品或服务，从而提高企业家创造财富的能力。

关于员工创新行为的定义不同学者提出了不同见解。阿马比尔（Amabile，1988）认为，员工的创新行为是指"员工以创新想法为基础，并试图在组织内成功实施的想法"。员工创新行为是指个体主动在工作中引入和应用新思想、新工艺、新流程（West & farr，1990）。根据斯科特和布鲁斯（Scott & Bruce，1994）的观点，员工的创新行为是个体在工作中遇到困难和问题时产生的想法和方案，并努力为这些想法或解决方案寻求支持，以便将其付诸实践。根据克里森和斯缀特（Kleysen & Street，2001）等学者的观点，创新行为是员工希望为企业提出并实施新想法的个人行为。

员工创新行为是产生灵感、探索灵感、成果形成、投入生产与使用等的一系列行为过程（Tsai & Kao，2004）。员工创新行为是员工利用组织资源与自身能力，在工作中不断创新，产生新构想创造新产品的行为（吴治国和石金涛，2007）；是员工在工作中应用新的创意、流程、理念等的行为（Moultrie & Young，2009）；是员工在计划相关活动时生产、引入和使用新概念或新项目的过程（刘云和石金涛，2009）。

根据顾远东和彭纪生（2011）的研究，当员工提出新颖的想法或新的方法来解决工作中的困难，并在日常工作中积极实施这些想法或方法时，他们就会表现出创造性行为。员工创新行为是员工与领导在互相沟通过程中产生的新方法和新思想（韩翼和杨百寅，2011）；是员工为了组织的健康发展，产生创新性构想并通过寻求创新支持以产生新的产品和服务的过程（张旭等，2014）；是员工在组织中提出新构想并尽力去实施的行为（Kang，2015）；是员工在工作中遇到必须战胜的困难和必须解决的问题时产生的应对策略（唐源，2021）；是员工在组织中形成实施推广创新想法的行为过程（潘楚林，2023）；是组织中的个人或团队产生新想法并推广和实施的过程（张佳蕾和赵曙明，2024）。国内外学者对员工创新行为的相关定义见表2.1。

表2.1　　　　　国内外学者对员工创新行为的相关定义

学者	年份	定义
阿马比尔（Amabile）	1988	员工成功地在组织内实施想法，并以创造性的想法为基础
威斯特和法尔（West & Farr）	1990	人们有意识地在他们的单位、组织或工作角色中实施和引入新的概念、项目、工作流程和协议
斯科特和布鲁斯（Scott & Bruce）	1994	个体在工作中遇到困难和问题时会产生想法和方案，并寻求支持以付诸实践的过程
詹森（Janssen）	2000	个体在工作中引入和应用新想法
特塞和克奥（Tsai & Kao）	2004	产生灵感、探索灵感、成果形成、投入生产与使用等一系列行为过程
吴治国	2007	在工作中不断创新，产生新构想，创造新产品的行为
穆特里和杨（Moultrie & Young）	2009	员工在工作中产生和运用新想法、新流程、新产品、新程序的行为
刘云和石金涛	2009	员工在计划相关活动时生产、引入和使用新概念或新项目的过程
韩翼和杨百寅	2011	员工与领导在互相沟通过程中产生的新方法和新思想
顾远东和彭纪生	2011	在工作过程中，员工会对工作中的挑战或新奇的想法提出创造性的答案，他们也会积极地实施这些解决方案和想法
张旭、樊耘和朱婧	2014	员工为了组织的健康发展，产生创新性构想并通过寻求创新支持以产生新的产品和服务的过程

续表

学者	年份	定义
康（Kang）	2015	员工为组织提出新想法并尽力去实现它们，是一种个体行为
唐源	2021	员工在工作中遇到困难和问题时产生的应对策略
潘楚林	2023	员工形成和实施推广创新想法的行为过程
张佳蕾和赵曙明	2024	个人或团队产生新想法并加以推广实施的过程

资料来源：笔者根据相关文献资料整理。

2.2.2　员工创新行为的维度研究

本书参考了许多学者对员工创新行为的研究，大部分学者分别从发展阶段、创新程度和组织要求三个角度对员工创新行为的维度进行划分。

2.2.2.1　根据发展阶段划分维度

肯特（Kanter，1988）认为，创新分为产生创意、建立联盟、实现创意、实践实施四阶段。克里森和斯缀特（2001）认为，员工创新行为包括五个阶段：发现机会、评估产出、可行性分析、支持与应用。根据特塞和克奥（Tsai & Kao，2004）的观点，员工创新行为经历了产生灵感、探索灵感、成果形成和应用四个阶段。根据顾远东等（2011）的研究，员工的创新行为包括产生创新想法和实践创新想法。根据张惠琴等（2017）的观点，员工创新行为由产生灵感、寻找支持和实施三阶段组成。

2.2.2.2　根据创新程度划分维度

根据程度不同，创新可以分为探索性创新和利用性创新（March，1991）。探索性创新是积极的、激进的、创新程度高；而利用性创新则是保守的、渐进式的、消极的。舒曼（Schumann，1994）认为，按照创新程度由小到大可分为渐进创新、特色创新和突破创新。渐进创新一般是平缓的、局部的、稳定的创新。特色创新是指员工针对特定产品、技术或服务进行的创新行为，它具有鲜明的员工个体特色和组织特色。突破创新则指对原有的技术水平、生产工艺、管理模式等产生大幅度的突破，创造出全新的市场需求与价值。莫姆（Mom，2010）认为，利用式创新是以改进和丰富现有产品或服务为主要功能，增加其使用效益为主要内容。而探索式创新则创新程度更高，创新难度更大，一般具有颠覆性、换代性和对产品功能的质的提升，会导致一个产品或一个行业实现突破性创新或重新洗牌。安世民等（2024）借鉴马奇（March，1991）的观点，把员工创新行为划分为探索式创新和利用式创新，但赋予了它们新的诠释内容。

2.2.2.3 根据组织要求划分维度

组织要求一般跟组织的文化特征密切相关。例如，赵斌等（2015）研究发现，我国创新实践中存在大量被动、无奈及低绩效创新行为，并提出了员工的三种被动创新行为：权宜创新行为、应对创新行为和服从创新行为。杨皖苏和杨善林（2018）认为，中西方对创新行为的定义存在差异，提出了员工的两种创新行为：主动创新行为和被动创新行为。

本书将有关学者提出的关于员工创新行为的维度进行归纳，见表2.2。

表2.2　　　　　　　　国内外学者对员工创新行为的维度划分

学者	年份	维度划分
肯特（Kanter）	1988	产生创意：针对问题产生创意，以推动创新的动力 建立联盟：得到把想法变为现实的支持 实现创意：把创意变成可行的方案，并付诸实施 转移或扩散：把新产品或服务投入市场
马奇（March）	1991	探索性创新：行为激烈、激进的创新，强调创造性 利用性创新：改进和丰富现有产品或服务的功能，增加其使用效益
舒曼（Schumann）	1994	渐进式创新：缓慢的、小范围的、逐步的创新 特色式创新：员工针对特定产品、技术或服务进行的创新，具有鲜明的员工个体特色和组织特色 突破式创新：在产品、技术、管理等方面进行根本性的改变，从而创造出全新的市场和价值
克里森和斯缀特 （Kleysen & Street）	2001	机会发现、评估产出率、可行性调查、支持和应用

续表

学者	年份	维度划分
特塞和克奥 (Tsai & Kao)	2004	产生灵感、分析灵感、形成成果、应用
卢小君	2007	产生创新构想、执行创新构想
穆特里和杨 (Moultrie & Young)	2009	产生新奇的想法阶段和想法付诸应用阶段
顾远东和彭纪生	2011	产生创新想法：员工进行广泛的探索以寻找方法和机会，从而改进产品技术、流程和服务 实践创新想法：员工积极调动资源，说服和寻求他人的支持，以实现和规范创新想法
赵斌等	2015	应付性创新：员工不情愿进行组织规范倡导的创新，但迫于压力应付开展的创新 权宜性创新：员工依照组织规范完成自己想做的创新 服从性创新：员工的创新基本上失去了自主性，服从组织要求的创新
杨皖苏和杨善林	2018	主动创新行为与被动创新行为
安世民、金雨婷和张羽琦	2024	探索式创新：打破现有知识边界、具有颠覆性的突破式创新 利用式创新：在现有知识模式的基础上开发完善，具有渐进性的改良式创新

资料来源：笔者根据相关文献资料整理。

2.2.3　员工创新行为影响因素研究

员工个体创新是组织创新的最主要方式。在当前多变的政治、经济与社会环境中，企业越来越关注内部员工的创造性行为，从而促使企业加快产品创新和服务创新，在激烈的竞争中实现可持续发展。回顾和梳理员工创新行为研究的相关文献可以发现，研究者从多个角度调查分析了影响员工创新行为的因素，以个体、组织、领导、工作、团队和其他因素等作为切入点。

基于对以往有关文献的总结，本书认为，员工创新行为同时受到组织层面、员工个体层面和领导层面因素的影响。创新是领导、组织以及个人之间相互作用的结果。因此，本书从个人、领导和组织三个层面对相关文献进行梳理，归纳分析了前人对员工创新行为的影响因素及作用机制的研究成果。

2.2.3.1　领导层面的影响因素

从领导力的角度来看，一个组织领导其成员的方式会影响他们的创新行为。变革型的领导能使员工信任领导，感知组织支持与信任，产生创新行为（白云涛等，2008）。采用矛盾型领导作为调节变量，李悦和王怀勇（2018）检验了双重创新行为对员工心理脱离的影响。他们发现，员工在双重创新行为中的心理脱离受到矛盾的领导风格的调节。共享授权型领导通过权力分享使员工拥有更多的工作自主权，激发员工主体意识，从而促进创新行为产生（苏屹等，2018）。袁朋伟等（2018）研究了共享领导与工作场所创新行为之间的关系，发现共享领导显著改善了创新行为。

陈晓暾等（2022）以中国管理情境为研究背景，实证分析得出变革型领导正向影响越轨创新行为，上下级关系与心理安全感在这一作用过程中起双重中介作用。王雁飞等（2022）研究证明，伦理型领导通过降低员工感知违反规范的可接受性抑制员工创新行为，通过增强员工的情感承诺促进员工创新行为。金辉等（2023）实证研究证明，领导的长期导向会对员工创新行为产生倒"U"型的影响。

近年来，部分学者研究了领导—成员关系对员工创新的作用。孙锐、石金涛和张文勤（2009）通过实证研究表明，当领导与下属员工之间形成密切的沟通关系时，员工能够感受到领导者对创新活动的重视和支持，同时感知自己处于一个创新氛围浓厚的组织中，从而积极参与组织创新。领导—成员交换对员工创新行为有积极影响（Atwater & Carmeli，2009；姜诗尧等，2019）。潘亮和杨东涛（2020）研究得出，相对领导—成员交换关系（RLMX）与促进性建言、抑制性建言都存在显著正相关关系，而员工建言有利于组织学习效率和创新绩效的提升。时方方等（2021）认为，领导—成员交换通过员工的内部人身份认知和组织支持感正向影响员工创新行为。杨晓等（2024）研究发现，领导—成员交换正向影响员工越轨创新行为，并且心理资本在两者之间起部分中介作用。

2.2.3.2　组织层面的影响因素

从组织层面来看，许多学者研究了员工创新行为受组织内部氛围的影响与作用机制。个体创新行为意向受组织内部氛围的影响，如果组织拥有民主、平等沟通和鼓励创新的氛围，员工会更主动地开展创新（Fishbein & Ajzen，1977）。如果员工能够在心理上感受到组织对创新行为的支持和鼓励，并能明确感知组织内部平等、和谐的沟通与学习氛围，则会主动在工作中寻求新的方法与路径，进行主动创新（Scott & Bruce，1994）。

根据奥尔德姆（Oldham，1996）的观点，一个组织的环境氛围对人们的动机、态度、价值观、信仰和创新行为等都有影响，进而影响企业的创新力与核心竞争力。企业内部员工的创新能力与组织创新氛围密切相关（Shalley，Zhou & Oldham，2004），组织创新氛围与新的灵感正向相关，在组织内部鼓励沟通与辩论更有助于新创意、新思想的产生（Nemeth & Personnaz，2004）。变革型领导与组织创新氛围都能够促进创新绩效的提升。同时，变革型领导通过组织创新氛围的部分中介效应影响创新绩效（吴治国和石金涛，2007）。

员工自我效能、持续学习、培训开发、工作主动性、民主管理、良好的组织氛围等有利于员工创新（顾远东等，2010；连欣等，2013）。目标取向、心理资本和组织创新氛围都能有效激励员工表现出更多的创造性行为，心理资本有明显的中介作用（甄美荣等，2015）。阎亮和张治河（2017）将组织支持设为中介变量，将组织内部的创新氛围设为自变量，将个体创新行为设为因变量，建立假设模型开展实证研究。结果证实，组织创新氛围通过组织支持的中介作用显著影响员工创新行为。李静芝和李永周（2022）研究发现，组织创新氛围包括领导效能、团队协作和资源供应等维度，并不是组织创新氛围的所有维度都能促进员工创新行为，只有资源供应和团队协作通过显著性检验，而不能证明领导效能对员工创新行为有显著影响。万鹏宇等（2023）认为，上下级情感关系对员工的突破式创新影响比较复杂。首先，上下级情感关系可以提高员工的责任知觉，从而正向影响员工突破式创新；但同时又会加深员工对上级的心理依附水平而负向影响员工突破式创新。高绩效工作系统通过员工感知到的 HPWS 和角色宽度自我效能感的链式中介对员工创新行为起促进作用（张佳蕾和赵曙明，2024）。开放导向和责备导向的差错管理氛围分别对员工创新行为产生正向和负向调节作用（安世民等，2024）。

2.2.3.3 个体层面的影响因素

决定员工创新程度的最主要因素是员工个体的心理特征。李悦和王怀勇（2018）研究了二元创新行为对员工心理脱离的影响，他们发现，二元创新行为显著损害了员工的心理脱离，使员工个体产生创新行为最有效的方法就是激发员工的创新动机（Amabile，1998）。创新行为受个体人格特质中的外向性、责任性、人际性等特征的正向影响，而受人格特质中的神经质等特征的负向影响（姚艳虹和韩树强，2013）。王蕊和叶龙（2014）研究了个体创新行为与人格特质的关系，认为个体创新行为受人格特质中的自我控制性、学习性与支配性的积极影响。赵斌等（2012）调查了 264 名科技专业人员，发现员工心理资本的两个组成部分对创新行为产生积极影响。员工的心理资本水平、知识分享能力、自我效能感知、工作投入感知都会正向影响员工创新（杜鹏程等，2015；李凤莲，2017）。员工内部认同感知越强，越会激励员工的创新意识，产生创新行为（苏屹等，2018）。员工的知识分享意愿与能力、心理授权水平都能促进创新行为（袁朋伟等，2018；李永占，2018）。工作压力分为挑战性压力和阻断性压力，挑战性压力能促进员工创新行为，而阻断性压力会阻碍员工创新行为，心理距离在这一过程中起中介作用（曹勇等，2021）。仇泸毅等（2022）分析了可干预的人格特质自我分化和心理距离对员工创新行为的正向影响。单红梅和金露露（2022）的研究表明，高情绪智力的员工能更有效地感知和利用企业—工会关系所提供的心理资源，并将其转化为员工创新行为。

综上所述，已有的关于员工创新行为的理论研究成果，从员工创新行为的性质、发展阶段、导致结果等不同角度对员工创新行为的含义进行了全面探索。以发展阶段、创新程度和组织要求等不同标准对员工创新行为的维度进行划分。分别从个体、组织、领导三个角度探讨了不同因素对员工创新行为的作用。但在界定员工创新行为的概念、维度构成、研究视角等方面存在较大差异，员工创新行为各种影响因素的强度及作用机制研究有待进一步探索。以往大部分学者仅从单一层次的因素进行研究，部分学者从领导、个体、组织中的两个层面进行跨层次影响因素分析。很少有学者从组织、领导、个体三个角度同时对员工创新行为产生机理与影响因素开展研究。因此，本书拟将个体、组织和领导三个层次的变量同时纳入员工创新行为影响因素的研究中，并深入探索不同因素的影响强度大小与作用机制，以填补员工创新行为的理论研究空白。

2.3　心理资本相关研究

从事创新的企业通常会遇到许多困难的任务和障碍。员工心理素质较差是制约企业创新的主要因素之一，因为弱势员工很容易被挫折击垮。心理资本的概念是由美国心理学家路桑斯（2006）提出的，他认为积极的心理资本可以提高员工的工作主动性。根据高伟明等（2017）的研究，拥有较强心理资本的员工会有更积极的前景，对未来更有希望，对自己做好工作的能力更有信心。因此，学者们认为，员工心理资本是影响企业创新的重要因素和保持核心竞争优势的重要工具。

2.3.1　心理资本的内涵研究

人们关于心理资本的概念界定经历了从区分性的特质结构论到状态论两个阶段，都将其视为个人不可或缺的资源。从特质结构论角度，心理资本表现为个体的积极生活态度，包括自我认知、道德取向、工作态度等（Goldsmith et al.，1997），根据霍布福尔（Hobfoll，2002）的说法，心理资本是平和心态、身心健康、自我价值以及实现个人目标所必需的信心。心理资本是个体内在稳定的心理结构（Hosen，2003），是情绪、性格、责任心等方面的结合（Letcher，2003）。那些拥有强大心理资本的人更容易接受新思想，更有可能努力改变（Avey et al.，2008）。心理资本可以帮助人们朝着目标努力，进而取得成功。心理资本是一种个体在所有活动中更容易成功的心理素质（高中华等，2012）。心理资本是个体拥有的影响生产效率的特质，包括自尊、控制点、情绪稳定和自我效能感（Cole，2006）。

心理资本是员工感知到的自我效能、适应性、乐观和希望。这种状态能促使个体实施积极的行为从而带来高绩效（Luthans et al.，2004）。艾维等（Avey et al.，2008）认为，心理资本是一种心理状态，心理资本水平较高的人拥有更高的开放度和接受度，会愿意为改变而努力。当员工在努力工作以追求既定目标时，如果遇到困难，其会表现出坚韧不拔的精神，并重新思考通往成功之路的方法（Peterson et al.，2011）。根据闫艳玲等（2014）的观点，心理资本是用来描述员工在工作中良好且不断发展的心理状态。员工体验到希望、乐观、适应性和自我效能的清晰整合。与心理资源相反，心理资本可以通过关注个人的自身发展和未来目标来提高绩效和进步。路桑斯和约瑟夫（Luthans & Youssef，2017）将心理资本描述为一个人在处理困难活动并将当前的成功归因于他们自身时的自信。根据赵富强等（2019）的研究，心理资本可以给人们带来承担困难任务的自信和完成项目的毅力。当需要时，人们会重新调整他们的努力，为他们过去、现在和未来的成就负责，并能够在面对逆境时表现出弹性和毅力。心理资本是一个人表现出的乐观、坚强的心理状态（古家军和吴君怡，2020）。关于心理资本内涵的观点汇总见表 2.3。

表 2.3   **国内外学者对心理资本的相关定义**

学者	年份	定义
戈德史密斯等 （Goldsmith et al.）	1997	表现为个体的积极生活态度，包括对自我的认知、道德取向、工作态度等
霍布福尔等 （Hobfoll et al.）	2002	平和的心态、身心健康、自我价值以及实现个人目标所必需的信心

续表

学者	年份	定义
赫森等 (Hosen et al.)	2003	个体内在稳定的心理结构
莱彻 (Letcher)	2003	情绪、内外向性格、责任心等方面的结合
路桑斯和约瑟夫 (Luthans & Youssef)	2004	个体在工作中积极的、发展的心理状态
科尔 (Cole)	2006	个体拥有的影响生产效率的特质
艾维等 (Avey et al.)	2008	表现为一种心理状态, 心理资本高的人拥有更高的开放度和接受度, 会愿意为改变而努力
彼得森等 (Peterson et al.)	2011	当员工在努力工作以追求既定目标时, 能够克服困难, 不知疲倦地工作, 直到完成任务的心理状态
高中华等	2012	一种个体在所有活动中更容易成功的心理素质
闫艳玲等	2014	员工在工作中良好且不断发展的心理状态
路桑斯和约瑟夫 (Luthans & Youssef)	2017	强调个体内在的成长和未来的目标, 可以提高个体的成长和表现
赵富强、陈耘和胡伟	2019	可以给人们带来承担困难任务的自信和完成项目的毅力
古家军和吴君怡	2020	能够促进个人的发展并反映在个人的表现中的心理状态

资料来源: 笔者根据相关文献资料整理。

总之, 已有文献将心理资本定义为一种良好的心理状态, 使人们能够承担具有挑战性的任务, 并对自己充满信心。不管面对多少困难, 他们都不会放弃, 直到完成任务。与此同时, 心理资本会让我们针对具体情况作出不同的反应。当经历失败时, 可以快速振作起来, 坚持向目标奋斗。员工的心理资本越强大, 他们在工作中越会加大投入。因此, 我们将心理资本作为主要变量之一来研究其对员工创新性行为的影响作用。

2.3.2 心理资本的维度研究

学者们对心理资本的维度划分提出了不同的观点。有两维度观点: 控制点和自尊 (Goldsmith et al., 1997); 事务型与人际型 (柯江林等, 2009)。

有三维度观点：乐观、自我效能和希望（Peterson et al.，2011）。有四维度观点：自我效能感、乐观、希望、韧性（Luthans et al.，2006）；情绪稳定、控制、自信、自尊（Cole，2006）。有五维度观点：宜人、开放、情绪稳定、外向、责任感（Letcher，2003）。

路桑斯（2006）的四维度划分得到了大部分学者的认可。其中，自我效能感是指个体对自身的能力与素质充满信心，认为自己能够完成困难的工作。乐观是相信自己有能力从过去的成功中成长，并对未来有积极的看法。希望是一种信念，即一个人通过运用动机和手段在未来取得成功（Luthans et al.，2005）。动机与个人在特定情况下完成特定活动的动力有关；方法是达到预期目标的可行途径和路线。动机和方法会相互作用，当个体在实现目标的过程中遇到困难时，动机会促使个体采取可行的方法去克服困难，达成目标。而充满希望的人会迸发出强大的能量去努力实现目标，当原来的方法难以顺利施行时，会积极探索新的方法以实现既定目标（Avey et al.，2008）。韧性是指个体在遇到困难和逆境等困扰时，心理适应能力较强，具有快速适应和面对困难与逆境的能力，并积极寻求克服与战胜困难与逆境的方法（Tugade，2004）。韧性强的人往往适应性强，更善于主动适应不利的环境。当面临内外部环境的重大变化或高强度的工作压力时，尤其如此（Luthans et al.，2006）。

李晓艳和周二华（2012）、高中华等（2012）、高伟明等（2017）、李凤莲（2017）、孙鸿飞（2016）、古家军和吴君怡（2020）、单红梅等（2022）都与路桑斯的观点一致，认为心理资本可分为韧性、乐观、希望和自我效能感四个维度。侯二秀等（2013）在参考国内外研究成果的基础上，加入中国文化元素，针对知识型员工提出心理资本的四个维度：任务、关系、学习和创新。积极情绪和韧性与任务维度相关；情商和感恩与关系维度相关；学习自我效能感、知识分享意愿与学习维度相关；模糊容忍度、创新自我效能感与创新维度相关。闫艳玲等（2014）、甄美荣等（2015）认为心理资本可划分为希望、乐观、恢复力、自信四个维度。

以上研究说明，员工的积极行为和工作态度与他们的心理资本之间有很强的相关性。因此，通过分析心理资本的维度内容来制定对策措施以提升员工心理资本水平，是企业提高员工创新行为的有效措施。本书汇总了前人对心理资本维度的划分结果，具体见表2.4。

表2.4　　　　　　　　　国内外学者对心理资本的维度划分

学者	年份	维度划分
戈德史密斯等 （Goldsmith et al.）	1997	控制点、自尊
路桑斯等 （Luthans et al.）	2006	自我效能感、希望、乐观、韧性
科尔（Cole）	2006	自尊、自我效能感、控制点和情绪稳定性
柯江林等	2009	事务型心理资本与人际型心理资本
彼得森等 （Peterson et al.）	2011	乐观、自我效能、希望
高中华等	2012	希望、乐观、自信、韧性
侯二秀等	2013	学习、任务、关系、创新
甄美荣等	2015	自信、希望、乐观、恢复力
高伟明等	2017	乐观、希望、韧性、自信
古家军和吴君怡	2020	自我效能、希望、乐观、韧性
单红梅和金露露	2022	自信、希望、韧性、乐观

资料来源：笔者根据相关文献资料整理。

2.3.3　心理资本研究综述

2.3.3.1　个人视角

许多学者从个体的角度研究了心理资本如何影响工作关系、人际交往、工作效率与工作创新等因素（唐源，2021）。工作中良好的员工关系能为员工补充积极的心理资源，从而激发员工创新思维，增强员工创新行为（Antonioli，2017）。协调的劳资关系使其获得积极的心理感受，使员工产生主动创新行为（单红梅和金露露，2022）。根据李晓艳和周二华

（2012）的研究，心理资本对言语攻击和离职倾向之间的关系起调节作用，在同样面对顾客言语攻击的情境下，心理资本水平较高的员工离职倾向相对较低，不会轻易离开自己的工作岗位。

人际型心理资本和事务型心理资本会促进员工创新行为（赵斌等，2012），员工拥有较高水平的心理资本有助于提高工作绩效（仲理峰等，2013；张宏如，2013）。心理资本会减少员工内在资源损耗和外在刺激对自身的影响（闫艳玲等，2014）。李凤莲（2017）认为，心理资本作为一种积极的心理资源和能力，正向显著影响员工创新行为，同时通过知识分享间接影响员工创新行为。根据王雁飞等（2017）的实证研究，心理资本对心理安全和员工创新行为有显著的积极影响。此外，心理安全在心理资本对员工创新行为的影响中起完全中介作用，这些发现以计划行为理论和积极心理资本理论为基础。郭钟泽（2016）和顾江洪等（2018）研究得出，处于积极心理状态的员工更有可能全身心地投入工作，从而产生创新行为，心理资本对工作投入有着重要的有益影响。员工的创新行为受到心理资本和工作重塑的正向影响，并且工作重塑通过心理资本的中介效应作用于员工创新行为（赵娅，2020）。

2.3.3.2 组织和领导视角

企业组织的内部运行环境，包括管理制度、文化特征、领导风格等都会影响员工心理资本水平，而员工的心理资本又会对组织环境产生影响，它们交互作用最终影响员工创新行为和绩效（吴庆松，2011；王雁飞等，2017）。企业—工会关系通过员工心理资本影响员工创新行为（单红梅和金露露，2022）。

组织中领导的心理资本、领导风格与特征、领导与员工之间的相互关系等因素会影响员工的心理状态即心理资本水平，从而影响员工工作行为与工作绩效。真实型领导通过个人自信和对追随者的信任和信心，促进员工自信心的提高，以提升员工心理资本，并通过心理资本的完全中介作用，正向影响员工创新行为（韩翼和杨百寅，2011）。根据任皓等（2013）

的研究，领导者的心理资本在培养成员的心理资本、提高工作绩效和鼓励组织公民行为方面起着至关重要的作用，同时有助于加强信任、身份和归属感之间的联系。梁卓和李树文（2016）的研究表明，变革型领导通过心理资本的完全中介影响员工的创新行为。这意味着心理资本是假设模型中能够直接影响员工创新行为的重要因素。

总之，关于心理资本的已有研究包括心理资本的含义、组成和结构，影响心理资本的因素，以及心理资本对员工的创造性行为和组织绩效的影响，实证分析是主要的研究方法。先前的研究取得了较丰富成果，但还存在一些不足。首先，中国研究者很少对心理资本测量量表进行开发。其次，以心理资本为中介变量，对影响员工创新行为的变量进行跨层次研究的很少。最后，实证研究通常假设心理资本能够激励员工的创新行为，然而，提高心理资本水平的具体对策却没有得到很好的研究。为了全面了解员工创新行为的影响因素和机制，本书将心理资本作为中介变量，将员工的创新行为作为结果变量，前因变量来自三个层面：领导、组织和个人，并根据中国本土调查问卷结果，试图对心理资本测量量表加以创新。

2.4 工作投入相关研究

工作投入概念的提出，对本书的理论框架产生了重大影响。这里将根据工作投入的含义、维度和不同视角对文献进行综述。

2.4.1 工作投入的内涵研究

卡恩（Kahn，1990）最早提出工作投入的概念，他将其定义为：在组织中将自我与工作角色相结合的能力。随着研究的深入，后续学者对工作投入的看法不一。根据马斯拉奇（Maslach et al.，2001）的观点，工作投入和工作倦怠之间应该有明确的区别。工作投入与工作倦怠的维度彼此完全相反，效能对无效性，精力对疲劳，投入对玩世不恭。根据维度之间的差异，个人的工作投入水平与其精力水平正相关，这有助于有效地过渡到工作状态并与同事建立良好的关系。相反，更高程度的倦怠会让员工很容易感到疲惫，并与同事疏远。

舒菲利等（Schaufeli et al.，2002）后来对上述观点提出了不同认识。他们认为工作投入和工作倦怠并不是一对对立的概念，而是都有其独立的含义。工作投入指个人以活力、沉浸、奉献的状态投入工作角色。此外，根据这些状态，为了评估工作投入和工作绩效，他们创建了 UWES（utrecht work engagement scale）工作投入量表。哈特（Harter，2002）认为，工作投入是员工对工作的热爱、满足和参与程度。根据里奇（Rich，2010）的说法，敬业是动机的来源，是将自己的资源和经验持续应用于完成自己的工作任务中。如果员工适时地将自己的资源投入到工作任务中，并得到组织良好的反馈，则会激励他们进一步提升敬业精神。

根据莫斯（Macey，2011）的研究，从心理学角度来说，工作投入需要"热情、专注、活力"；从行为学角度来说，工作投入包括"工作热情、拓展角色、持之以恒、超越预期、适应能力"。克里斯蒂安等（Christian et al.，2011）认为，工作投入指能将精力投入完成工作任务的过程中并保持这一状态。王桢等（2015）认为，个体在执行工作任务时，利用资源和工作角色同时参与，而不是分开参与。工作投入是工作动机的具体体现（翁清雄等，2017），是员工在工作中的认知与情感动机的整体反映（马华维等，2021），是个体对工作的积极情绪和认知（李志等，2023）。表2.5是近年来国内外学者对工作投入的定义汇总。

表2.5　　　　　　　　　国内外学者对工作投入的定义汇总

学者	年份	定义
卡恩（Kahn）	1990	能够将自己与组织中的工作角色相结合，使个人能够在工作角色中得到充实、认知和情感上的自我表达
舒菲利等（Schaufeli et al.）	2002	个人可以在奉献、专注、精力充沛和满意的状态下投身于工作任务

续表

学者	年份	定义
里奇等（Rich et al.）	2010	在工作过程中全力以赴，即使这意味着牺牲时间和做额外的工作
克里斯蒂安等（Christian et al.）	2011	能将自己的精力投入工作中并长时间保持
王桢、陈乐妮和李旭培	2015	由工作能力（活力、精力）和工作意愿（投入、奉献）相互结合而成
翁清雄、杨惠和曹先霞	2017	工作动机的具体体现
程秀兰和高游	2019	与工作相关的积极的情绪与认知状态
马华维、董晓茹和姚琦	2021	员工在工作中的情感—认知动机状态的整体反应
李志和徐凡迪	2023	个体对工作的积极情绪和认知

资料来源：笔者根据相关文献资料整理。

总之，工作投入是指在工作活动过程中保持的一种状态和观念，也是一种基本行为，如愿意长时间致力于工作职责，甚至愿意牺牲额外的时间来完成工作。

2.4.2　工作投入的维度研究

根据卡恩（1990）的观点，一个人对工作任务的参与程度取决于他们如何利用自己的资源。他将其分为三类：身体的、情感的和认知的。认知参与是员工的思想和智力专注于其特定工作任务的能力，而身体参与是员工的实际行为与组织的目标相一致，使组织能够为他们的利益作出更大贡献的能力。情感参与则是指员工在工作过程中，能够与他人产生较强的情感联系。

马斯拉奇等（2001）认为，工作投入具有典型的三个维度：精力、投入、效能。舒菲利等（2002）提出了活力、奉献和专注是工作投入的维度。其中，活力指的是在精神和身体上都有弹性的工作能力，这意味着一个人愿意努力完成手头的任务，并能忍受挫折；敬业是指对工作充满热情、自豪和挑战；专注力是指能够全心全意地集中精力工作，从而产生时间过得很快，极难离开工作岗位的信念。虽然工作投入的三维结构是学术界的主流，但霍华德和唐尼（Wefald & Downey，2009）根据实证研究结果证实，一维结构模型和三维结构模型都是合理的。因为舒菲利（2002）提出的三个维度高度相关，所以工作投入中一维结构概念在理论上也很重要，它是开发简化的工作投入量表的基础。

通过分析研究者对工作投入的研究成果，我们发现舒菲利提出的工作投入三维度获得了大多数学者的认可，许多研究都基于此开展。然而，根据里奇（2010）的说法，尽管舒菲利等开发的量表简单易懂，但并不能完全体现卡恩提出的工作投入的概念。本书也认同里奇的观点，因为工作投入的重要性超出了仅为了完成工作任务而所需要达到的状态，还需要分析个人在完成任务时持续影响其心理状态的方式。

舒菲利（2002）认为，工作投入表明个人可以在奉献、沉浸、充满活力、自满等状态下投入工作任务。程秀兰等（2019）、马华维等（2021）与李志等（2023）都认为工作投入表现在工作的活力、奉献、专注三个方面。本书采用了卡恩（1990）提出的维度，以身体、情感和认知三个维度进行研究讨论。表2.6总结了学者们对工作投入维度划分的主要观点。

表2.6　　　　　　　　国内外学者对工作投入的维度划分

学者	年份	维度划分
卡恩（Kahn）	1990	身体、情感、认知
马斯拉奇等（Maslach et al.）	2001	精力、投入、效能
布里特等（Britt et al.）	2001	组织承诺、工作责任、绩效认知
舒菲利等（Schaufeli et al.）	2002	活力、奉献、专注
希罗（Shirom）	2003	能量、认知、情感
玛丽（May）	2004	生理、情感、认知

续表

学者	年份	维度划分
霍华德和唐尼 （Wefald & Downey）	2009	一维和三维都合理
程秀兰和高游	2019	活力、奉献、专注
马华维、董晓茹和姚琦	2021	活力、奉献、专注
李志和徐凡迪	2023	活力、奉献、专注

资料来源：笔者根据相关文献资料整理。

2.4.3 工作投入的不同视角研究

2.4.3.1 个人视角

学者们通过研究发现，个体的心理特征对工作投入有相当大的影响，而工作投入又会影响和作用于组织绩效。工作投入是员工内在动机和员工绩效之间的部分中介（李伟等，2012），工作投入受到内在动机的积极影响（杨自伟等，2015），员工如果拥有更多的职业发展机会能促进员工提升敬业度（郭钟泽等，2016）。工作投入与职业发展的各方面都存在显著的正相关，并进而影响员工的工作绩效，工作投入在工作绩效和职业发展之间存在中介效应（翁清雄等，2017）。职业人格通过工作投入中介作用于主观幸福感（连坤予等，2017）。巴克（Bakker，2014）建议，员工应注重提高自身有效利用资源的能力。

对工作投入产生影响的个体因素包括员工的心理素质和人格特征，如坚定性、成就驱动力、情绪智商、韧性（Britt et al.，2001），还包括乐观、适应性（Hallberg & Schaufeli，2006），灵活性、外向性、低神经质（陈浩，2011）等因素。心理契约对员工工作投入有显著正向影响（李富田，2021），职场精神力与员工的工作态度和投入正向相关（张丽然和高良谋，2023），工作获得感会对员工工作投入产生积极影响（李志等，2023），职业使命感会促使员工加大工作投入和工作重塑水平（李根祎和徐静休，

2024)。因此，个体成熟的心理素质和人格特征有助于帮助员工克服工作中的各种困难并全身心地投入工作。

2.4.3.2 组织视角

组织可以通过调整个体的工作资源从而影响其对工作的投入，这也是近年来学术界关注的热点之一。例如，通过工作重塑等人力资源管理实践，提升个体可以获取的工作资源，加大工作投入（张瑞娟等，2014）。通过检验组织资源来预测员工的工作参与度，如果组织能够保持较长时期的战略一致性，则有助于员工更好地把握组织资源，增加工作投入（袁凌等，2014）。当员工遇到重大问题并拥有克服这些问题所必需的工作资源和个人资源时，工作敬业度会提升（Tadic，2015）。王桢等（2015）探索了变革型领导的愉快情绪和员工工作投入之间的联系，发现变革型领导对员工的工作投入有积极影响。柯江林等（2009）研究发现，组织沉默对员工工作投入具有消极影响。托马斯·库珀（Thomas Cooper，2018）把员工工作投入视为其交换雇主资源的重要方式，总结出八种能够促进工作投入的职场资源，包括使命和愿景、价值观、发展机会、支持型领导、工作资源、团队合作、学习、成长或进步，其中学习和发展机会能够更好地预测工作投入。组织的管理风格与人际关系均显著影响员工的工作投入（姜帅合等，2023）。组织自尊通过工作投入的中介作用积极影响员工创新行为，对上下级关系起正向调节作用（邓玉林等，2023）。非工作时间工作连通行为对工作投入既有积极作用又有消极作用，但积极作用大于消极作用（李燕和杨鹃，2024）。主管教练行为和工作感知对员工的工作投入具有正向影响（屠兴勇等，2024）。

综上所述，工作投入在一定程度上受到个人、组织和领导特征的影响。同时，工作投入以积极的方式影响员工在工作中的行为。因此，本书将工作投入作为主要变量之一，分析工作投入与员工创新行为之间的关系。

2.5　知识分享相关研究

2.5.1　知识分享的内涵研究

戴文波特与普鲁萨克（Davenport & Prusak，1998）认为，知识分享包括两个步骤，是传播知识和接受知识的过程。在这一过程中，有传播者和接受者两大主体。知识分享就是知识传播者把自己的知识、经验和技术等分享给知识接受者的过程。知识分享是员工将知识贡献给组织的过程，但只有知识接受者将所学知识转化为实际工作中可以运用的知识和能力时，知识分享才真正体现价值（Tsai，2001）。汉森（Hansen，2002）认为，知识分享是获取和传播数据、知识及技术的过程。知识分享效果会影响知识整合和知识生产过程。知识分享是人、群体或组织之间的知识交流（McAdam et al.，2012）。

知识分享可以增强彼此的知识能力和团队项目的展示，表明一个人愿意与他人分享所获得的专业信息知识（解学梅和吴永慧，2013）。知识分享极大地提高了组织的竞争能力和组织绩效，企业可以通过知识分享来获得竞争优势。曹科岩和窦志铭（2015）将知识分享定义为将个人或企业拥有的专业知识传播给其他方。这种知识可以通过转移过程以现有的或新的形式再生产，并包含隐性和显性的知识内涵。知识分享指相互交流知识并共同开发新知识的过程，包括信息收集和传播（Li et al.，2017）。知识分享需要知识提供者和知识吸收者两个人的共同行动。能够积极获取与转化知识的企业更容易实现创新。企业和个人可以通过知识分享提高学习能力，从而增强创新能力和竞争力。知识分享是知识的多向流动、相互融入的过程（Akram，Haider & Hussain，2019）。

知识分享是知识拥有者将知识传递给接收者的过程，是组织成员之间的社会性互动，知识必须通过分享者和接收者之间的交流互动，才能真正发挥价值（刘明霞和徐心吾，2021；董佳敏等，2021）。知识分享行为是指员工有意识地、自愿地向组织中其他员工提供个人独特经验与知识的行为（程德俊和王肖宇，2022），是一种涉及知识交换的利他行为（任高飞等，2023）。

本书总结了学者们对知识分享的相关定义，见表2.7。

表2.7　　　　　　　国内外学者对知识分享的相关定义

学者	年份	定义
戴文波特和普鲁萨克（Davenport & Prusak）	1998	知识传播和知识接受
达尔和库茨伯格（Darr & Kurtzberg）	2000	接受者获取知识及经验的过程
汉森（Hansen）	2002	获取和传播数据、知识及技术的过程
莫克亚当和莫菲特（McAdam & Moffett）	2012	个人、团体或组织之间的知识交流
解学梅和吴永慧	2013	个体将获得的专业信息知识转移给他人的意愿
曹科岩和窦志铭	2015	将个人或企业拥有的专业知识传播给其他方
李等（Li et al.）	2017	各方深入交流以共同开发新知识的过程
阿克拉姆、海德和侯赛因（Akram，Haider & Hussain）	2019	知识的多向流动、相互融入的过程
刘明霞和徐心吾	2021	知识拥有者通过各种途径将知识传递给知识接受者的过程
董佳敏、刘人境和严杰等	2021	组织成员之间的社会性互动
程德俊和王肖宇	2022	员工自愿向他人提供个人经验与知识的行为
任高飞和陈瑶瑶	2023	关于知识交换的利他行为

资料来源：笔者根据相关文献资料整理。

根据文献中对知识分享的定义，将自己的专长、技术或知识传授给他人的过程称为知识分享。知识传授方和接收方都能从知识交流中获益。知识分享可以促进知识交流和思想碰撞，甚至在组织或团队内部产生新知识和新思想。鼓励知识分享的组织一般具有民主、平等、尊重、沟通的文化特征，支持员工的创造性行为。

2.5.2　知识分享的维度研究

学术界对知识分享的维度划分观点不一。通过梳理以往学者对知识分享的研究视角，一般从绩效、动机、意愿与能力、功能定位、传播方向等角度进行维度划分。

2.5.2.1　绩效视角

传播程度和分享效果是李显君等（2011）划分知识分享的两个维度。参与者分享的知识数量和质量被称为传播程度；分享的知识被消化和掌握的程度称为分享效果。根据分享知识的数量和质量以及评估知识分享对接收者的影响来衡量知识分享的效果。

2.5.2.2　动机视角

知识分享的质量与效果可以由三方面因素来决定：知识类型、情境因素、组织因素（Seyyedeh et al.，2009）。其中，沟通质量、双方的文化特征和分享知识的意愿等形成了情境因素。管理层对于知识分享的支持以及组织内部鼓励沟通的管理制度等属于组织因素。而知识类型则直接决定知识分享的方式与难度。从知识分享的动机来看，信息沟通水平、公司管理者的态度、社会和文化环境以及发送者和接收者之间的关系都会对知识分享产生影响。也就是说，如果知识分享双方存在友好的关系，发送者的分享动机就会被触发。具有高内在动机的人感觉到内在激励时更愿意分享知识，而具有高外在动机的人感觉到外在激励时更愿意分享知识（刘明霞和徐心吾，2021）。

2.5.2.3 能力和意愿视角

为了考察员工的创新行为，王雁飞和朱瑜（2012）合并了知识分享意愿和个人素质两个因素。他们认为，知识分享需要同时满足两个条件：分享知识的能力和分享知识的意愿。一方面，分享知识的能力是指组织成员接收外部信息并以适宜的、理性和可理解的方式表达自己观点的能力。另一方面，分享知识的意愿是指组织成员对他们所带来的知识的价值的理解，他们自己接受新思想、观点和知识的开放性，以及他们与他人分享自己的经验和知识的意愿。徐光等（2020）认为，知识分享包括知识分享意愿与知识分享行为两个维度。

2.5.2.4 功能视角

根据曹科岩等（2015）的研究，知识分享有四个主要目的：参与、市场、学习和交流。参与是指知识分享双方都要共同参与知识分享的过程。交流是指在分享过程中知识需求者和知识拥有者之间的信息交流，即员工之间及员工与组织之间的隐性和显性知识转移与互动。市场是指当知识分享服务于市场功能时，具有市场导向，双方都可以从中获利。学习是指团队或组织内部成员分享知识时发生的相互学习过程。

2.5.2.5 传播方向视角

根据传播方向不同，知识分享可以分为内部知识分享和外部知识分享两大类（赵洁等，2014）。内部知识分享的目的是实现成员间的信息知识交流与分享，促进组织内的知识流动与碰撞，激发新思想与新知识。而外部知识分享则是企业获取行业前沿知识与新技术的重要途径，是企业进行技术创新的前提与基础。知识分享的两大主体——知识传播者和接收者控制着知识分享的效率和知识流动的方向（Akram et al.，2019）。不同主体进行知识分享的目的完全不同。知识捐赠是人们基于自身渴望提供其智力资本的一种交流方式，描述了知识传递者的行为；而知识收集是知识接收者接收他人分享的智力资本的过程。与知识分享相关的维度汇总见表2.8。

表 2.8 　　　　　　　国内外学者对知识分享的维度划分

学者	年份	维度划分
赛义德赫、丹尼斯格和奥拉姆（Seyyedeh，Daneshgar & Aurum）	2009	情境因素、组织因素、相关知识的类型
李显君、马雅非和徐可	2011	传播程度、分享效果
王雁飞和朱瑜	2012	知识分享能力、知识分享意愿
赵洁和张宸璐	2014	外部知识分享、内部知识分享
曹科岩和窦志铭	2015	共同参与、信息交流、市场导向、团队学习
阿克拉姆、海德和侯赛因（Akram，Haider & Hussain）	2019	知识捐赠与知识收集
徐光、黄莹和谭玲玉	2020	知识分享意愿与知识分享行为
刘明霞和徐心吾	2021	高内在动机知识分享与高外在动机知识分享

资料来源：笔者根据相关文献资料整理。

2.5.3　知识分享研究综述

2.5.3.1　个人视角

通过知识分享，员工的创造力和知识更新受到鼓励，这提高了组织的竞争力和整体绩效。员工分享知识的意愿受个人职位、专业优势、态度、感知行为和主观标准等影响（王智宁等，2011；张晓东和朱敏，2012）。知识分享可以促进员工表现出更多的创新行为（张振刚等，2016）。如果个人感觉与他人不同或被排斥，组织内的知识分享将遇到阻力（唐于红和毛江华，2020）。只有分享的知识被充分领会、吸收、转化和创新时，才能创造新的价值。影响知识分享行为的因素是多方面的，对知识分享的态度、主观规范、感知行为控制、信任、动机和承诺等都会对知识分享产生影响（任高飞等，2023），关系认同和感知义务能促进正式员工的知识分享（刘善仕等，2024）。

2.5.3.2 组织和领导视角

如今，许多企业组织通过知识分享和交流等活动积极推广新知识，以帮助提高公司绩效或管理决策。领导者的领导风格和态度会影响知识分享程度与效果，优秀的组织文化会鼓励知识分享（李锐等，2014）。根据张亚军等（2015）的研究，授权领导和隐性知识交流之间存在显著的正相关关系，即专制的领导风格阻碍信息分享，而充分的授权则允许员工独立工作并促进他们之间的知识分享。包容性领导会影响员工分享知识的方式和程度，并进而影响员工的创新行为（梁祺和张纯，2016），管理者可以通过实施真实的领导风格来鼓励员工之间的道德认同和信息分享（刘明霞，2019）。

某些学者已经探索了信息分享和组织氛围之间的联系。例如，路琳和陈晓荣（2011）指出，不重视团队和谐、否认或忽视和谐的组织成员会阻碍信息交流。可以通过增加员工对组织的投入和参与来促进知识流动、创造性想法的产生。袁朋伟等（2018）的研究也发现了类似的结果，表明组织的团队凝聚力促进了知识分享。积极的组织情境，如分享式文化、组织民主、多样性气氛和良性企业文化都有利于知识分享（张洁等，2020；Rese et al.，2020；Xia H. et al.，2021），类亲情交换和组织政治知觉对知识分享有显著的正向影响（周浩，2024）。

2.5.3.3 知识分享的其他相关研究

大量研究表明，知识分享可以提高创新绩效和能力。知识分享可以有效降低生产成本，提高工作效率，增强决策和协作，甚至激发创新（Huang，Chen & Stewart，2010）。结构、认知和协作是实现企业创新的三个要素，它们通过知识分享对组织的创新绩效产生影响（陈劲等，2012）。知识分享可以帮助企业收集行业内的最新知识与技术，并通过领会分析制定适宜的企业战略目标，更好地实现创新发展（Razak et al.，2016）。张洁和廖狄武的研究（2020）表明，互动交流信息和在线参与创造可以增加知识分享的新颖性，并影响新产品开发的绩效。知识分享是员工在工作场所中的一种公民行为，可以提高员工创造力，进而提高组织学习与创新绩效（周浩，2024）。

总之，从组织的角度来看，知识分享受领导风格和组织氛围的影响；从个人角度来看，知识分享受到态度、主观规范、人际关系、吸收能力、内在动机和个性特征的影响。如果一个组织的成员对知识分享和其他形式的互动持开放态度，那么他的创新能力就可以得到提高。但是，关于知识分享、心理资本和员工创新行为的关系并没有一致的认识。因此，本书把知识分享作为自变量，心理资本作为中介变量，探讨两者与创新行为之间的作用关系。

2.6 组织创新氛围相关研究

2.6.1 组织氛围的内涵研究

勒温（Lewin，1939）提出"心理氛围"理论是组织氛围研究的开始。但是组织氛围的概念由利特温（Litwin，1968）在对氛围的综合研究后提出。随后，研究人员开始深入研究组织氛围。詹姆斯（James，1974）认为，组织成员的内部互动创造了稳定的组织环境，使成员能够认识到自己的组织和其他组织之间的界限。埃克瓦尔（Ekvall，1996）认为，组织氛围可以反映成员重复出现的工作态度和行为模式，这种态度和模式通常是稳定的。陈维政等（2005）认为，组织氛围是组织内部环境相对持久的特性。组织氛围是员工对组织政策和管理方法的主观感知，如薪酬待遇、管理制度、沟通协调、创新支持等，并依据这一感知为组织作出贡献（吴治国，2008；段锦云等，2014）。组织氛围能够促进成员间的思想交流并产生整合能力（王文卓等，2017）。

从以上文献可以看出，学者们分别从客观视角和主观视角对组织氛围的概念进行界定。本书认为，组织氛围就是成员对组织环境各方面特征的主观综合感知。这种感知会影响成员的工作表现和整体幸福感。对组织氛围的分析理解是进行组织创新氛围研究的前提。

2.6.2 组织创新氛围的内涵研究

学者们分别从结构、认知和感知视角对组织创新氛围进行阐释。一是结构视角，肯特（1988）认为，组织创新氛围由一系列影响员工创新活动的客观环境因素组成。二是认知视角，认为组织创新氛围就是员工个人认知到的组织各方面因素对创新的支持程度。根据阿马比尔（1998）的理论，组织的创新氛围取决于其成员如何看待他们的工作环境以支持创造力和创新行为，这代表了员工对组织中的政策、法规、文化和资源是否具有创新性的判断。三是感知视角，根据胡丹丹等（2018）的观点，组织创新氛围是组织成员对其政策、程序和运作方法的集体理解。随着对组织创新氛围的研究不断增多，大多数学者都得出了相同的结论：组织创新氛围是组织氛围的一个组成部分，是具有多种含义的主观情感。从感知的角度解释组织创新氛围获得了较高的认可度。

20 世纪 90 年代以来，对组织创新氛围的定义趋于专业化和具体化。组织创新氛围是指员工在组织现有的管理实践、政策和程序下，愿意完成创新工作并将其转化为新产品、新想法，重新设计现有业务和流程，提高组织创新的整体能力（Tesluk，1997）。组织创新氛围是指组织内部个体观察到并影响组织创新的持久的组织环境（王雁飞和朱瑜，2006），是组织成员对创新环境的总体看法，是组织成员对流程、系统、管理手段和组织管理技术创新程度的主观评估（连欣等，2013）。组织创新氛围会影响甚至决定员工的创新动机、创新信念与行为。顾远东等（2014）将组织创新氛围定义为员工认为工作场所中直接或间接支持其创造力的可量化的组织特征的集合，包括组织支持、团队协作、鼓励学习、支持分享等。组织创

新氛围是能被员工感知并对其创新性行为造成影响的组织特质（苏屹等，
2021）。对组织创新氛围的定义汇总见表 2.9。

表 2.9 　　　　　　　　　　国内外学者对组织创新氛围的相关定义

学者	年份	定义
阿马比尔（Amabile）	1998	员工对组织创新环境的感知，这种感知对成员的创新行为产生不同程度的影响
伊萨克森（Isaksen）	1999	组织中存在的，成员可以识别的，一致的创新特征
布朗德维（Bharadwaj）	2000	采取合理的方式，向员工提供必需的资源，鼓励员工创新
谢荷锋	2007	员工对组织在创新、公平、支持、人际关系、身份认同等方面的感知
连欣、杨百寅和马月婷	2013	成员对创新环境的总体认识
孙锐	2014	对组织的创新文化和重视创新的程度描述
顾远东、周文莉和彭纪生	2014	工作场所中直接或间接支持其创造力的可量化的组织特征的集合
胡丹丹和杨忠	2018	组织成员对其政策、程序和运作方法的集体理解
苏屹和梁德智	2021	能被组织成员感知并影响成员创新性行为的组织特质

资料来源：笔者根据相关文献资料整理。

2.6.3　组织创新氛围的维度研究

西格尔和卡默勒（Siegel & Kaemmerer，1978）将组织创新氛围划分为
领导行为、所有权、多元化规范、持续发展、个人创新支持、上级支持等
维度，并据此设计了西格尔创新支持量表。根据阿马比尔（1988）的观
点，组织创新氛围可以划分为组织动机、自由、激励、资源与风险、管理
模式五个维度。1998 年，阿马比尔又从领导、鼓励、资本支持和团队合作
自主、充足的资源等 10 个维度定义了组织创新氛围，并开发了经过多次实
证检验的 KEYS 量表。简文娟（1999）将组织创新氛围分为工作团队支
持、充足资源、工作自主权、工作压力和组织障碍五个部分。谢荷锋
（2007）认为，组织创新氛围包含创新、公平、支持等五个维度。组织创

新氛围还可以划分为组织资源、团队合作、工作自主性、支持、灵活性、工作压力等八个维度（王宁和罗瑾琏，2009）。

刘云等（2009）的研究从组织资源供给、领导和有效性、团队协作三个方面来测量组织创新氛围。基于认知理论和心理学，顾远东等（2016）揭示了知识工作者的创新效能感、组织氛围和他们对成功体验的感知之间的联系，并确定了组织创新氛围的四大特征：主管支持、组织支持、学习和成长、团队合作。王辉等（2017）以个人—组织匹配理论为依据，提出组织创新氛围的三个维度为自主工作性、团队协作和组织激励。

组织创新氛围包括管理公正、创新鼓励、发展支持、人际和谐、责任意识、工作满意度六个维度（胡晓辉等，2020）。基于资源守恒理论，李静芝和李永周（2022）建立了一个包括网络嵌入、组织创新氛围和员工创新行为的关系模型，将组织创新氛围分为三个维度：资源供应、团队合作和领导效能，并通过研究验证了组织创新氛围中的资源可用性和团队合作两个维度显著正向影响员工的创新行为。表2.10总结了组织创新氛围不同的维度划分。

表2.10　　　　国内外学者对组织创新氛围的维度划分

学者	年份	维度划分
西格尔（Siegel）	1978	领导行为、所有权、多元化规范、持续发展、个人创新支持、上级支持
阿马比尔（Amabile）	1988	组织动机、自由、奖励与肯定、资源与冒险、管理模式等
韦斯特（West）	1996	愿景、鼓励创新、任务目标、互动程度、参与安全等
阿马比尔（Amabile）	1998	领导、鼓励、资本支持、团队合作、自主、充足的资源等
简文娟	1999	工作团队支持、充足资源、工作自主权、工作压力和组织障碍等
谢荷锋	2007	创新氛围、公平氛围、支持氛围、人际氛围和身份认同
王宁和罗瑾琏	2009	工作自主性、组织效率、组织资源、团队合作、支持、灵活性、领导支持、工作压力
刘云和石金涛	2009	组织资源供给、领导和有效性、团队协作

学者	年份	维度划分
王仙雅、林盛和陈立芸	2014	信任、沟通、情绪、公平
顾远东、周文莉和彭纪生	2016	团队合作、学习成长、主管支持、组织支持
王辉和常阳	2017	自主工作性、团队协作、组织激励
胡晓辉、包平和黄思慧	2020	管理公正、创新鼓励、发展支持、人际和谐、责任意识、工作满意度
李静芝和李永周	2022	资源供应、团队合作、领导效能

资料来源：笔者根据相关文献资料整理。

2.6.4　组织创新氛围研究综述

2.6.4.1　创新主体视角

组织创新氛围是指员工对组织整体环境支持创新的主观评价（Tesluk，1997），一个组织的氛围会对员工的创新行为产生影响，并对该组织的整体创新绩效产生影响（Isaksen，2000）。布朗德维（Bharadwaj，2000）研究了创新主体和客体之间的互动过程，他认为，组织氛围是环境和组织成员之间互动的产物，没有任何一个因素可以单独定义组织氛围。贾建锋等（2022）提出，当员工感知到组织对自己工作的创新支持时，会积极改变工作态度和行为以回应组织。

2.6.4.2　组织视角

从组织的角度来看，研究者主要关注员工的创造性行为如何受到组织创新氛围的影响。如果员工处在一个支持创新的组织氛围中，则更容易产生主动创新行为（Fishbein & Ajzen，1977）。如果员工在心理上感觉自己处于一个倡导创新的组织环境，就会产生创新性行为（Scott & Bruce，1994）。组织创新氛围与员工的创新行为相互作用与影响，组织创新氛围对员工的创新动机、信念与行为产生影响；而员工的相关创新行为又会提升组织运行效率，改进组织文化与氛围（Oldham，1996）。

叶许红等（2006）从创新主体和组织两个角度构建了组织创新氛围四方格模型：积极—强势氛围、消极—强势氛围、积极—弱势氛围和消极—弱势氛围，分别分析了不同类型的创新氛围对创新行为的影响。扁平化的组织结构会极大地增强组织创新氛围（王华，2009），有利于培养积极的职场文化，提高员工的自主性和创造性。建立创新型组织文化有利于培养员工的自我效能感并激发其创新行为（顾远东等，2010）。团队成员间的频繁互动会促进组织内部的信息交流和整合，培养愉快的工作环境与良好的创新氛围，提高组织绩效和创新能力（宋典等，2010）。连欣等（2013）验证了组织创新氛围对员工发明行为的影响。

员工的创新行为与其团队成员之间愉快的工作关系和组织氛围正相关（王士红等，2013）。信任、沟通、公平的组织氛围对创新绩效有促进作用，有效的沟通和情绪调节对员工的创造性行为有很大影响（王仙雅等，2014）。组织的创造能力受到其创新文化的正向影响（袁林等，2015）。赵燕梅和张正堂（2020）认为，创新氛围浓厚的组织为员工的创新活动提供了重要的物质、情感和能量资源，帮助员工承担创新风险；组织创新氛围通过影响员工的态度和动机来提高创新绩效（周健明和周永务，2021），促进组织创新的环境会鼓励员工思考和质疑当前的工作流程，并设计出更具创新性的解决方案（贾建锋等，2022）。

总之，员工对其工作环境氛围是否利于创新、支持创新的总体感觉对其创新态度、能力、行为和产出有着重要的影响。组织创新氛围通过增强员工的组织支持感、心理授权、心理资本和创新意愿来影响创新行为。

2.7 领导—成员交换相关研究

2.7.1 领导—成员交换的内涵研究

根据垂直二元联结理论（Vertical Dyad Linkage，VDL），部门领导会采用"差异化"的方式对待员工。单塞罗和格莱恩（Dansereau & Graen，1975）首先定义了领导—成员交换的含义，指出由于领导者的时间、精力和资源在组织中是有限的，因而会对不同的下属采取不同的管理方法，从而形成不同的关系。领导—成员交换理论（leader-member exchange theory，LMX 理论）是一种领导权变理论，主要研究了领导者与团队成员之间的关系，以及这种关系如何影响每个员工的成长与创新。领导与成员的交换关系一般会经历角色扮演阶段、角色塑造阶段和程序化三个阶段。

　　领导和员工之间的关系强度是影响员工行为的重要因素之一。根据领导—成员交换理论，管理者在组织中的时间、精力和资源往往是有限的，所以在与下属打交道时，他会对不同的下属采取不同的管理方法，从而形成不同的关系，并根据与下属的亲密程度将其分为"内部人"和"外部人"。通常，"内部人"与领导者的关系更密切，领导者可能会给予他们更多的关注、帮助和激励。为了取悦上级和组织，这些下属也会同时表现出更有利于组织发展的行为；而"外部人"仅被视为员工，他们与领导仅限于工作接触，而很少有机会与上级进行情感上的互动和交流。领导—成员交换是一种基于关系的社会交换，即领导者和下属成员之间的感情和利益的社会交易（Graen & Bien，1995）。这一观点得到了其他学者的普遍认可。

　　中国的研究者也对中国"关系导向"的本土环境下的领导—成员交换进行了研究。企业与员工之间的法定劳务关系是一种经济交换关系，领导与成员之间的交换关系则是一种社会交换关系，既以法定劳务关系为基础，又受领导与成员的个体心理特征等的影响（俞达等，2002；段锦云，2012）。组织内部领导和下属之间的交换关系是一种建立在工作基础上的社会和经济互动（王昕，2014），下属也根据交换关系的不同和相互亲密程度被分为"内部人员"或"外部人员"。领导—成员交换关系表明员工与直接上级的社会关系质量的高低（时勘等，2022），强调领导与下属在信息、物质等方面的交换，并注重人际联系（陈超等，2023）。领导—成员交换是领导者与下属之间建立的独特交换关系，会影响下属的态度和行为（乔开文等，2023），是上下级通过互动所形成的工作关系，以信任、喜欢、尊重和承诺为特征（杨晓等，2024）。

随着研究的深入，领导—成员交换的内涵越来越丰富。人们逐渐认识到，组织中领导者和下属成员之间的关系是一个动态的交换过程，这是通过对这一概念的深入研究建立和发展起来的。本书对领导成员交换的理解借鉴了这一观点，同时，结合我国普遍存在的"关系导向"的本土环境，将领导—成员交换关系定义为领导与工作人员之间基于社会交往而形成的交换关系，重点是"关系"。表 2.11 总结了领导—成员交换的相关定义。

表 2.11　　　　　国内外学者对领导—成员交换的相关定义

学者	年份	定义
单塞罗和格莱恩 （Dansereau & Graen）	1975	由于领导者的个性差异，因而会对不同的下属采取不同的管理方法，形成不同的关系
迪内施和利登 （Dienesch & Liden）	1986	上级和下属员工之间的交换关系的本质
格莱恩和比恩 （Graen & Bien）	1995	一种基于关系的社会交换，即领导者和下属成员之间的感情和利益的社会交易
俞达和梁钧平	2002	一种建立在经济交换关系基础上的领导与成员之间的社会交换关系
段锦云	2012	领导与成员之间的交换关系既以法定劳务关系为基础，又受领导与成员的个体心理特征等的影响
王昕	2014	一种建立在工作基础上的社会和经济互动
张一杰、郭一蓉和郑晓明	2020	领导同团队成员建立差异化的社会交换关系
时勘、宋旭东、周瑞华和郭慧丹	2022	表明员工在组织中与直属领导的社会关系质量的高低
陈超和刘新梅	2023	领导与成员在信息、物质等资源方面的交换，并注重人际联系
乔开文和褚福磊	2023	领导者与下属建立的独特交换关系
杨晓、温少海和王辉	2024	上下级互动所形成的工作关系

资料来源：笔者根据相关文献资料整理。

2.7.2　领导—成员交换的维度研究

目前，学者们在划分领导—成员交换的维度时，区分了一维与多维系统。单塞罗（1975）认为，领导—成员交换是一个整体概念，领导和下属之间的关系是一种基于工作的交换关系，高质量的交换发生在工作范围内，低质量的交换发生在工作范围外。在这项研究的基础上，学者们设计了相应的测量量表。其中，包含七个项目的一维量表接受度最高，被广泛采用。

之后，研究人员逐步探索和研究了领导—成员交换的多维结构。领导—成员交换关系可划分为情感、忠诚和贡献三个维度（Dienesch & Liden，1986），领导—成员交换包括忠诚、尊重和信任（Graen & Uhi-Bien，1995），利登和玛瑟林（Liden & Maslyn，1998）认为，领导—成员交换关系还可以划分为情感、忠诚、贡献和职业尊重四个维度，并以此为依据开发了领导—成员交换测量量表。

王辉等（2004）在利登和玛瑟林的测量量表的基础上，在每个维度增加一个测量项目，形成了适合我国本土情况的16项测量量表，得到了国内学者的广泛认可与应用。关培兰等（2008）基于实证研究发现，领导—成员交换关系有三个维度：职业尊重、贡献和情感。而时勘（2022）、乔开文（2023）、杨晓（2024）等都认为领导—成员交换是单维结构。表2.12是近年来一些学者对领导—成员交换相关维度的划分。

表 2.12　　　　　国内外学者对领导—成员交换的维度划分

学者	年份	维度划分
单塞罗和格莱恩 （Dansereau & Graen）	1975	一维结构
迪内施和利登 （Dienesch & Liden）	1986	情感、忠诚、贡献
格莱恩和比恩 （Graen & Bien）	1995	信任、尊重和忠诚

续表

学者	年份	维度划分
利登和玛瑟林 （Liden & Maslyn）	1998	情感、贡献、忠诚、职业尊重
王辉和牛雄鹰	2004	情感、贡献、忠诚、职业尊重
关培兰和吴晓俊	2008	情感、职业尊重、贡献
时勘、宋旭东、 周瑞华和郭慧丹	2022	单维结构
乔开文和褚福磊	2023	单维结构
杨晓、温少海和王辉	2024	单维结构

资料来源：笔者根据相关文献资料整理。

2.7.3　领导—成员交换研究综述

2.7.3.1　领导—成员交换关系对员工创新有积极影响

良好的领导—成员交换关系通常会鼓励员工产生组织导向行为。因此，多数研究者将研究重点放在领导—成员交换引起的结果和效果上。企业培养其高级管理人员和下属员工之间建立高质量的交换关系的能力可以激励员工的创新（Atwater & Carmeli，2009），即领导—成员交换关系质量越高，员工就越表现出高水平的创造力。孙锐等（2009）的研究表明，在从事创造性活动时，如果领导—成员交换关系水平较高，管理人员和员工进行密切沟通时，员工可以感受到上级对创新活动的关注和支持，从而产生更多的创造性行为。

中国研发团队中的领导—成员交换关系显著增强了员工的创新行为（彭正龙等，2011）。沃尔默和斯布克（Volmer & Spurk，2012）对144家高科技企业的评估发现，在领导者和下属成员之间发展优质的交换关系将鼓励下属积极参与组织的创新举措。马璐和张哲源（2018）证实了通过组织内部高质量的领导—成员交换关系，能够激发员工提出新想法或构想，引发创新行为。王飞等（2018）证实领导—成员交换关系与中层管理者人格类型都对员工的创新行为有显著的积极影响。姜诗尧等（2019）的研究表明，组织内领导和下属之间的交流质量越高，通过内部人身份认知的中介作用对员工的积极影响越大，员工越能表现出高水平的创新行为。领导—成员交换与员工创新行为和员工创新绩效呈正相关（乔开文等，2023；杨晓等，2024），员工和领导之间存在四种 LMX 组合，其中，"高—高"组合比"低—低"组合更容易激发员工的创造力，"高—低"组合比"低—高"组合更容易激发员工的创造力（贾建锋，2024）。

2.7.3.2　领导—成员交换对员工创新的消极和负面影响

学者们此前更多地关注权威和领导风格如何影响员工的创造性行为，但部分学者基于不同的视角和研究内容得出不同的结论。他们认为，领导—成员交换关系在一定条件下可能会对员工的创造性行为产生消极或负面影响。

韩翼和杨百寅（2011）研究发现，领导—成员交换与员工创新行为之间没有显著作用关系。陆欣欣和孙嘉卿（2016）的研究指出，在某些情况下，如果员工与上级建立了密切的交换关系，可能会面对上级更多的工作要求，使用更多的资源。当领导和下属之间的高质量交换联系需要更多资源来挑战压力源时，员工的回应会受到影响，不利于员工创新行为和绩效（孙健敏等，2018）。领导—成员交换会对员工的创造性行为产生负面影响（纪谱华，2018）。张建卫等（2018）通过研究发现，成人也需要他人的心理支持。当对他人的依赖程度过高时，他们会本能地轻易认同领导的观点，这不利于员工产生新想法或新方案，阻碍了员工的创造性。领导—成员交换对促进性建言、抑制性建言都有显著的正向影响（潘亮，2020）。不同的领导—成员交换差异会对个体和团队产生积极影响、消极影响和倒"U"型影响，导致不同影响结果的原因有调节变量不同、LMX 差异构型不同、LMX 差异基础不同和测量方式不同等（张一杰，2024）。

总之，员工创新行为的研究取得了丰硕成果。随着研究的深入，人们也获得了重大的理论创新与发展，对于影响员工创新行为的因素的理解有了更全面的掌握和显著进步。大家普遍认为，员工的创新行为可以通过心理资本和知识分享来预测。工作投入对员工创新行为的影响比较复杂，与各种因素相互作用。组织创新氛围与领导—成员交换通常作用于员工的个体因素而影响员工的创新行为。但是极少有学者把员工个体因素、组织因素和领导因素同时纳入创新行为的研究。

第 3 章

框架模型与研究假设

3.1　概念界定与框架模型

3.1.1　概念界定

第 2 章对本书所涉及的研究对象与应用理论进行了梳理与分析，为构建研究变量之间的关系模型提供了理论支撑。本章参考了学者们对相关变量的定义，并根据具体研究内容与目标，对框架的六个变量进行了概念界定。

（1）员工创新行为：员工尝试产生新的概念、方法、产品或流程等（West & farr，1990）。

（2）心理资本：一个人积极的、稳定的心理状态，有助于个人达成目标。

（3）知识分享：个体愿意并能够向他人传授自己的知识或技能的过程。

（4）工作投入：员工把自身和工作角色有效融为一体，以更好地在实质上、认知上、情感上表达自己（Kahn，1990）。

（5）组织创新氛围：员工对一个组织的管理制度、工作程序和文化特征等整体环境支持创新的程度感知（Isaksen，1999）。

（6）领导—成员交换：处于从属地位的成员与领导者之间基于情感和

利益的社会交换（Dansereau & Graen，1975）。

3.1.2 框架模型

在对国内外大量的理论研究成果进行总结梳理的基础上，本书确定了假设模型，见图3.1。共设计了六个变量：员工创新行为（EIB）、知识分享（KS）、心理资本（PC）、工作投入（WE）、组织创新氛围（OIC）、领导—成员交换（LMX）。其中，组织创新氛围、领导—成员交换和知识分享是自变量，心理资本是中介变量，工作投入是调节变量，员工创新行为是因变量（见图3.1）。员工创新行为受到组织创新氛围、领导—成员交换和知识分享的正向影响。心理资本作为中介变量，在自变量作用于员工创新行为的过程中起中介作用。工作投入对所有路径起调节作用。

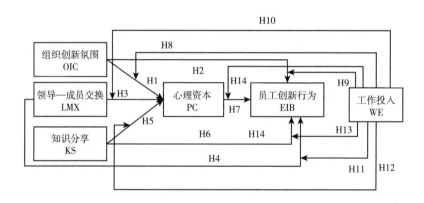

图 3.1 框架模型

3.2 研究假设

3.2.1 心理资本的中介效应

路桑斯和约瑟夫（2004）指出，"心理资本代表了个人特定的积极心理状态，它可以使个人和组织通过有针对性的投资和发展获得竞争优势"。根据他们的实证研究，心理资本可以分为四个维度：坚韧、乐观、希望和自我效能感。优秀的心理资本能够使员工保持较好的工作状态和较高的工作热情（Luthans et al.，2006）。

韩翼和杨百寅（2011）研究发现，真实型领导和心理资本都对员工创新行为有显著正向作用，心理资本同时具有中介效应。吴庆松等（2018）探讨了心理资本与技术创新的关系，证明心理资本对技术创新程度有正向作用。心理资本、人力资本、社会资本之间存在明显区别，人力资本强调人本身所拥有的素质，即知识与技能等。社会资本强调人的社会属性，更多地关注人际关系对人的工作效率的影响，心理资本则强调人的心理状态，关注人如何构建和保持积极心理状态以及这一状态如何作用和影响人们的工作生活（Digan，2019）。郭彤梅等（2019）指出，与其他活动相比，心理资本在塑造创新行为中的作用更为显著，创新行为往往面临更多的风险、障碍和困难。

心理资本是一种适应力、希望、乐观和自信的有利心理状态，可以成为员工采取创造性行为的强大动力。组织内外部的各种因素通常需要先作用于员工个体，导致其产生相应的心理反应，再改变自身心理资本水平，进而改变工作行为。组织环境、领导因素、个人因素与员工创新行为之间的关系是通过心理资本的中介作用来实现的，这一点已经被相关学者的研究所证实。

组织创新氛围对员工创新行为和绩效有积极影响，心理资本在组织创新氛围对员工创新行为的影响中起中介作用（Avey et al.，2008；甄美荣等，2012）。在环境复杂性对员工解决问题能力的影响中，员工心理资本起完全中介作用。变革型领导有助于调动员工的工作积极性和主动性，进而影响员工的创造性行为，心理资本承担中介角色（梁阜和李树文，2016）。

领导—成员交换关系可以增加员工获得组织支持和情感关怀的机会，促进员工的情感和心理健康，提高员工的工作满意度，进而提升员工的心理资本。领导—成员交换关系作为组织的重要内部因素，能够影响员工的心理资本，促进员工的创新行为。

一方面，员工从进入组织那一刻起，会尽力完成工作任务，达成工作目标，以获取相应的经济回报与奖励。另一方面，他们会对自己在组织中的成长发展有明确的心理需求与目标，从而形成较稳定的心理状态。这种心理状态又会作用于个体行为，影响工作效率和工作任务的完成。员工所形成的稳定的、积极的心理状态被称为心理资本（Luthans et al.，2006；唐源，2021）。心理资本一般有四类：任务型、关系型、学习型和创新型。在团队组织中，通常是授权型领导下的知识分享的效果更好，心理资本受知识分享的正向影响（Wu & Lee，2017）。如果领导者在团队中被充分授权，它将增强知识分享行为，并对授权和心理资本之间的关系产生影响。

通过对已有文献的回顾和分析，本书认同心理资本在知识分享、组织创新氛围、领导—成员交换和员工创新行为之间起重要的中介作用。据此，本书提出以下假设：

H1：组织创新氛围正向显著作用于员工的心理资本。

H3：领导—成员交换正向显著作用于员工的心理资本。

H5：员工的知识分享正向显著作用于员工的心理资本。

H7：员工的心理资本正向显著作用于员工的创新行为。

3.2.2　组织创新氛围对员工创新行为有正向影响

组织内部氛围会作用于员工，使其产生不同的行为倾向。如果组织的氛围友好、和谐、民主、公平，则员工的工作主动性更高，更愿意参与创新活动（Fishbein & Ajzen，1977）。如果员工觉得组织支持创新行为，感受到创新氛围，就会主动产生创新行为。

顾远东等（2010）研究发现，自我效能感在培养创新的工作环境和鼓励个人承担创造性风险方面起着关键作用。任皓等（2013）认为，创新氛围浓厚的组织为员工的创新活动提供了重要的物质、情感和能量资源，并帮助员工承担创新风险。刘云等（2009）的研究从组织资源供给、团队协作和领导有效性三个方面对组织创新氛围进行了测量。员工的创新态度和创新动机受到组织创新氛围的影响（袁朋伟等，2018）。苏屹和梁德智（2021）提出，当员工能够感知到组织对自己工作的创新支持时，他们会积极改变自己的工作态度和行为，以回应组织。贾建锋等（2022）提出，组织创新氛围可以促进员工反思和挑战现有流程，并提出更具建设性的创新解决方案。根据组织创新氛围与员工创新行为关系的相关文献分析，本书提出以下假设：

H2：组织创新氛围正向显著作用于员工的创新行为。

3.2.3 领导—成员交换与员工创新行为正向相关

学者们最近非常重视领导—成员交换，将其作为组织中人际互动的一个重要组成部分。当领导—成员交换水平较高时，员工更有可能在组织中表现出高水平的创造力（Atwater & Carmeli，2009）。孙锐等（2009）的实证研究表明，当领导与下属员工之间形成密切的交流关系时，员工可以感受到上级对创新活动的关注和支持，从而激励员工积极参与公司的创新努力。积极的领导—成员互动有助于激励追随者在组织的创造性努力中发挥积极作用（Volmer & Spurk，2012）。

马璐和张哲源（2018）通过实证研究验证了领导者与成员之间高质量的交流关系可以促进组织中的员工提出新的想法或概念，进而表现出创新行为。徐本华等（2021）通过研究发现，组织中领导—成员的交换关系越强，员工在工作中就越能表现出高水平的创新行为。部分学者不认同这一观点。根据韩翼等（2011）的研究，领导—成员交换对员工的创新行为没有明显的影响。孙健敏等（2018）指出，如果员工与上级建立了密切的交换关系，可能会在工作中被要求更高，消耗更多的资源，不利于员工应对挑战性压力。

根据以上文献的研究结果，我们可以得出员工创新行为与领导—成员交换密切相关的结论。根据中国企业的发展背景和领导—成员交换的相关研究成果，在借鉴王辉等（2004）分析总结关于领导—成员交换对员工创新行为影响的文献的基础上，本书提出以下假设：

H4：领导—成员交换正向显著作用于员工的创新行为。

3.2.4　知识分享对员工的创新行为有正向影响

许多研究表明，知识分享可以提高创新能力和企业绩效。柯文（Cohen，1990）发现，个体（尤其是知识型员工）之间的知识分享有利于提高组织创新能力。知识和信息分享会促进成员间的交流与合作，这一过程更容易产生知识融合与创新，从而创造出新的技术、产品和服务（Van Den Hooff，2004）。个人信息分享行为是组织知识创新的基础，其重要性应该得到广泛认可（Bock，Zmud et al.，2005）。鼓励知识分享的企业，通常员工之间的氛围更团结，管理更民主，员工自主工作程度更高，更有利于产生创新（Seidler-de & Hartmann，2008）。知识分享会带来信息的聚合，通过对聚合的信息进行吸纳、加工和利用，可以有效促进各种类型创新行为的产生（Kamasak & Bulutlar，2010）。

知识分享受到员工个人的个性特征、主观规范和感知到的组织对知识分享的支持度等因素的影响（王宁等，2013）。同时，组织成员的人际关系及对知识分享的认可度会影响知识分享的意愿（张晓东等，2012）。向阳和曹勇（2012）以新兴行业的员工为研究对象，分析组织的知识管理水平和知识分享倡导是否会影响员工创新行为。结果发现，知识管理水平会改善知识分享氛围与效果，进而正向影响创新行为。

组织支持的改善是领导交换的结果（Seibert，Kraimer & Crant，2001），员工的创新行为受到内部认同认知和组织支持以及领导成员互换的积极影响（姜诗尧等，2019），来自组织的支持感知和内部人的身份认知可以改变员工的心理认知和他们对组织支持创新的主观感知，从而增加知识分享的主动性。知识分享是企业和个人提高信息获取能力的一种切实可行的方式，这种方式可以迅速增强他们的创新能力和竞争力（Tsai，2001）。

如果员工愿意主动在团队中分享具有创新价值的知识、经验和信息资源，会激发员工的创新意识与动机，使员工更主动地吸收和消化知识，寻找创新灵感，创造更多的创新性行为，为组织带来更多的创新绩效（Weiss，1999；唐源，2021）。员工分享知识的意愿和能力对工作场所的创新具有重大的有益影响。根据以往的文献研究，员工的创造力可以通过知识分享来激励。本书借鉴了王雁飞和朱瑜（2012）对知识分享的描述，即知识分享包括知识分享能力和知识分享意愿。据此，本书提出以下假设：

H6：员工的知识分享正向显著作用于员工的创新行为。

3.2.5　工作投入的调节作用

工作投入对个体行为的作用是间接和复杂的。心理资本对工作投入有促进作用，员工的心理资本水平越高，越重视自己的职业发展与目标的达成，则越能全身心地投入工作，做出较好成绩（Alessandri，2018；Kotzé，2018）。工作投入程度是个人与组织相互作用的具体结果（Maslach et al.，2001），员工从工作压力、自主性、报酬、团队、公平感、组织文化六个方面考虑自己与组织的匹配程度。当企业提供的奖励机制符合员工的需求时，可以增强员工对工作和企业的认同，进而将工作情况评价为匹配状态，达到高工作敬业度。

工作要求是由工作内容规定的硬性任务，是需要个人花费时间和精力去完成的任务，消耗个人的情感和认知资源。工作资源是组织提供的与工作相关的各种便利条件，能够使员工工作更便捷，能够促进工作任务更快更好地完成，有利于员工个人成长和职业发展的各种资源（Schaufeli et al.，2002），包括优美的工作环境、现代化的办公设备、充满活力的工作氛围、通畅的沟通渠道、优厚的工作待遇、更多的发展机会等。工作任务的性质会影响员工工作投入，如果员工认为一项工作任务更有价值与意义，则会加大工作投入（Kahn，1990）。屠兴勇（2024）指出，工作投入驱动个体分配自己的资源及其强度和持久性，它受个体资源和工作因素的影响，在激励的条件下形成一种心理行为状态。

个体的创新行为与其对工作的投入有着密切联系。员工的工作受到自己的内在激励与心理支持，因为工作本身提供了挑战感、自主性、成就感和个人发展。这些令人振奋的情绪能量满足了员工对自我价值的要求，并提高他们在工作中的参与度（Huhtala & Parzefall，2010）。黄俊（2015）发现，工作高度投入的员工对工作有较高的热情和动力，这使他们更有可能对工作中的问题提出创造性的解决方案。这些员工会持续不断地探寻新的方法，并积极将它们推荐给领导和同事，以试图找到使它们付诸现实的途径。

李永占（2019）通过对企业管理者和员工研究发现，工作投入在真实型领导对员工创新行为的作用中起部分中介效应。邓潇雪等（2023）研究了工作投入与护士职业韧性对其创新行为和积极人格的中介作用之间的关系。研究发现，在考虑创新行为和积极人格之间的联系时，工作投入增强了人格对创新行为的积极影响，并且是一个具有调节效应的中介因素。李红琴等（2023）考察了工作负荷如何影响小学教师的工作时间紧张，并得出结论，工作负荷显著正向预测工作时间压力，工作资源在工作量对工作时间压力的影响中起到"掩蔽效应"，工作投入可以调节工作量。当前，员工对工作的要求不仅是提供基本生活保障，而且希望组织能够提供有竞争力的薪酬、培训和晋升机会、高效的组织支持、对员工观点的认可及其他福利。高度投入工作的员工更渴望工作，更愿意付出额外的努力，也更有可能对工作中的问题提出创造性的解决方案。

通过分析以上研究可以得出，影响工作投入的因素非常复杂。同时，工作投入对组织有着深远的影响，它影响员工的知识分享行为、领导—成员交换关系、组织创新氛围，进而提升员工的心理资本和创新行为。因此，本书将工作投入设定为对自变量、中介变量和因变量之间的关系进行调节的变量。

根据前面对工作投入的研究成果分析，本书提出以下假设：

H8：员工的工作投入在组织创新氛围对心理资本作用中起正向调节作用。

H9：员工的工作投入在组织创新氛围对员工创新行为作用中起正向调节作用。

H10：员工的工作投入在领导—成员交换对心理资本作用中起正向调节作用。

H11：员工的工作投入在领导—成员交换对员工创新行为作用中起正向调节作用。

H12：员工的工作投入在知识分享对心理资本作用中起正向调节作用。

H13：员工的工作投入在知识分享对员工创新行为作用中起正向调节作用。

H14：员工的工作投入在心理资本对员工创新行为作用中起正向调节作用。

第4章

研究设计

4.1　调查问卷设计

4.1.1　确定变量的测量指标

在进行问卷调查之前，必须首先根据前面章节的相关研究创建测量量表。分析结果的推断会受到测量尺度设计的影响，要求在严格的概念推导基础上进行彻底的文献检索和阅读。本书依据国内外的相关成熟量表，结合第3章的概念界定、框架模型和研究假设，对量表进行调整和修订后，形成自己的测量量表。本书确定了假设模型中三个自变量、一个中介变量、一个调节变量和一个因变量的测量项目。表4.1至表4.3列出了具体测量项目和来源。

表4.1　　　　　　　　　　自变量的测量项及参考来源

变量	代码	测量项	参考来源
组织创新氛围（OIC）	OIC01	企业为员工提供充足的学习机会，并鼓励他们参与学习活动	刘云、石金涛和张文勤（2009）李静之和李永洲（2022）
	OIC02	企业重视信息收集以及新知识的获取和共享	
	OIC03	企业通常会奖励员工的创新想法	
	OIC04	团队成员互相支持，互相帮助	

续表

变量	代码	测量项	参考来源
组织创新氛围 （OIC）	OIC05	组织欣赏并认可创新和进取的员工	刘云、石金涛和 张文勤 （2009） 李静之和李永洲 （2022）
	OIC06	领导可以尊重和容忍员工的不同意见和反对意见	
	OIC07	领导鼓励并支持下属发表他们的新观点	
领导— 成员交换 （LMX）	LMX01	我喜欢领导的行为方式	Liden & Maslyn （1998） 王辉和牛雄鹰 （2004）
	LMX02	我喜欢与我的领导交往	
	LMX03	如果我受到攻击，领导会为我挺身而出	
	LMX04	当我无意中出错时，领导会帮助我	
	LMX05	我不介意为领导做额外的工作	
	LMX06	我会尽最大努力完成领导交给的任何工作	
	LMX07	我的领导的工作知识和能力是有目共睹的	
	LMX08	我的领导的专业技能令人羡慕	
知识分享 （KS）	KS01	我准备把我的知识和经验传授给别人	王雁飞和朱瑜（2012） 张振刚、余传鹏和 李云健 （2016） Akram, Haider & Hussain （2019）
	KS02	我会尽力回答同事们提出的问题	
	KS03	我会尽我所能给我的同事提供必要的数据和文件	
	KS04	当我参与谈话时，我会努力说出自己的想法	
	KS05	我可以轻松找到完成任务所需的信息	
	KS06	我能够向同事清楚地解释或展示工作所需的知识技能	
	KS07	我能给同事合理的建议，让他们及时完成工作	
	KS08	我乐于接受新想法或新事物	

表4.2　　　　　　中介变量和调节变量的测量项及参考来源

变量	代码	测量项	参考来源
心理资本 （PC）	PC01	我认为我有能力分析和解决复杂的长期问题	Luthans et al. （2006） 李晓艳和周二华 （2012）
	PC02	我能想到许多方法去达成工作目标	

续表

变量	代码	测量项	参考来源
心理资本（PC）	PC03	与管理层会面时，我有信心陈述我工作范围内的事情	Luthans et al.（2006）李晓艳和周二华（2012）
	PC04	我认为我所面对的任何问题都有很多解决方案	
	PC05	在工作中，当我面临不确定性时，我通常会期待最好的结果	
	PC06	当我在工作中遇到挫折时，我会很快恢复并继续前进	
工作投入（WE）	WE01	我尽力做好我的工作	Rich et al.（2010）
	WE02	我在工作中投入了大量精力	
	WE03	我尽最大努力完成工作	
	WE04	我热爱我的工作	
	WE05	我在工作中感到精力充沛	
	WE06	我对我的工作感兴趣	
	WE07	我会密切关注我的工作	
	WE08	我会全力投入我的工作	

表4.3　　　　　　　　因变量的测量项及参考来源

变量	代码	测量项	参考来源
员工创新行为（EIB）	EIB01	我会持续提高产品质量，降低成本	Lubatkin et al.（2006）Hortinha et al.（2011）
	EIB02	我会持续提高产品和服务的可靠性	
	EIB03	我会持续提高操作的自动化水平	
	EIB04	我会持续调查现有客户的满意度	
	EIB05	我会持续提高产品质量以保持客户满意度	
	EIB06	我会跳出思维定式去寻找新的技术想法	
	EIB07	我会增强对新技术的探索能力	
	EIB08	我会为公司创造新产品或服务	
	EIB09	我会寻找新的方法来满足顾客的需求	
	EIB10	我会对现有产品进行细分和开发	

资料来源：笔者根据相关资料整理。

4.1.2　深度访谈

在设计调查问卷之前，为了更好地把控研究主题，本书通过深度访谈的形式，与六位具有多年管理理论经验和丰富企业管理实践经验的专家进行了面对面的交流，就"你对中国企业员工创新行为的总体评价是什么？为什么？""影响员工创新行为的个人因素有哪些？""影响员工创新行为的组织因素有哪些？""影响员工创新行为的领导因素有哪些？""其中影响最大的因素是什么？""你认为应该采取什么措施来促进中国企业员工的创新行为？"等问题进行访谈。这 6 位专家包括：郝金磊教授、董原教授、荆炜教授、陆凤英教授、王廷丽副教授、张飚总经理。

通过对 6 位专家的深入访谈，本书获得了以下结果。

（1）专家一致认为，中国企业员工创新行为的缺乏，特别是探索性创新和核心技术创新的缺乏，制约了中国企业的高效发展。员工创新行为的影响因素非常复杂，包括员工个性特征等个人因素，组织结构、文化与制度等组织因素，领导风格、领导类型等领导因素三大类。但正如内因和外因的辩证关系所示，在所有因素中，员工个人因素起决定作用，外部因素通过作用于个人因素而影响创新行为。

（2）专家认为，影响员工创新行为的个体因素有：个体人格特征和心理资本，如性格、价值观、人生观、世界观、自我效能感、沟通能力、心理承受力、乐观情绪等；个体的专业素质和技术水平；个体的工作投入程度以及分享知识的意愿和能力等。其中有 4 位专家认为，对员工创新行为影响最大的因素是个体心理资本水平。

（3）专家认为，影响员工创新行为的组织因素有：组织能否为员工提供足够的学习和深造机会；组织是否拥有利于知识分享和交流的平台；组织成员之间是否有和谐的人际氛围和良好的沟通渠道；组织是否有完善的机制来鼓励和奖励员工的创新；组织是否允许不同的观点和意见存在等。5 位专家认为，对员工创新行为影响最大的因素是组织能否为员工提供足够的学习和交流机会，以及是否建立了鼓励创新的机制。

（4）专家认为，影响员工创新行为的领导层面的因素有：领导者的领导风格、下属对领导者的接受和认同程度、领导对下属的关心和维护程度、下属对领导的职业尊重程度等。4 位专家认为，对员工创新行为影响最大的因素是下属对领导的情感认知和对领导的专业认可。

（5）专家们一致认为，应该从个人、组织和领导三个方面采取切实可行的措施来促进和激发中国企业员工的创新行为。通过营造有利于创新的和谐、沟通、共享的组织氛围，构建平等、友好的领导与下属成员关系，通过对员工的不断培养和锻炼，提高员工的综合心理素质，培养正确的人生观、价值观和世界观，塑造高素质的心理资本。通过深度访谈，本书收集了专家的意见并将其应用于初始问卷的设计中。

4.1.3 初始问卷设计

4.1.3.1 问卷设计的原则

问卷设计要遵循以下原则。

（1）内容完备。一般有问卷说明、注意事项、填写方法、承诺、感谢、问卷正文。

（2）题项数量恰当。题目不宜过多或过少。题目过多，填写者会失去耐心而增加作答的随意性，影响问卷效果；题目过少，会增加成本，并失去调查的意义与价值。

（3）题型设计合理。一般以单项选择题为主，其他题型为辅，避免填写过于复杂和用时过长。

（4）题项内容符合调查目标，格式规范。每个测量项目应包含两个或两个以上的选项或事实，措辞清晰，避免歧义。

（5）问题不应涉及调查对象的个人隐私、禁忌等。

（6）避免暗示性或引导性的问题。

（7）问题设计要在回答者的知识和理解范围内，尽可能简明易懂。

4.1.3.2　问卷设计的程序

问卷设计的具体程序如下。

（1）文献综述和相关量表问题的提取。对各研究变量进行彻底的理论分析，以保证每个变量都有准确和精确的描述。此外，通过查阅国内外相关文献，收集和整理相关变量的测量量表，选择成熟或已被学者验证的测量项目，编制研究量表。

（2）确认翻译的术语能够准确地反映原始量表的含义。

（3）经专家（包括相关学科的导师、学者）咨询后，对原有量表进行补充、增强、修改。确保测试措辞准确精练，能够正确反映员工创新行为的真实背景，并且更加口语化，以便调查对象可以轻松理解。在此基础上，形成初始问卷。

（4）选择小规模样本进行问卷预调查，并采用统计软件 SPSS26.0 对预调查收集的数据进行统计学分析，对问卷的有效性和可靠性等进行检验，并根据结果对问卷测量项目进行修改和删减，最终形成正式问卷。

4.1.3.3　初始问卷的具体内容

根据前面的框架模型与研究假设，本书结合深度访谈的内容，借鉴了国内外众多学者的成熟问卷，经过适当修改后作为研究工具对假设模型进行验证。为了确保问卷科学有效，所有测量项目都能反映真正要测的内容，本书总结中西方学者关于员工创新行为、心理资本、工作投入、知识分享、组织创新氛围、领导—成员交换关系等方面的文献，收集了大量被学者反复使用的成熟测量问卷进行研究。笔者根据本书的研究对象和目标，对问卷进行了多次修改，形成初始问卷。具体包括以下内容。

（1）前言。在问卷开头设有导语，说明本调查的目的、意义与价值，明确本调查结果仅供研究使用，不作商业等其他用途，并承诺对调查结果与被调查者个人信息保密；说明问卷填写方法与注意事项。

（2）基本信息。包括年龄、性别、文化程度、职位级别、工作年限、企业性质等。本问卷共有 6 个单项选择题，每个题项限选一项。

（3）问卷选取了 6 个核心变量的测量项目。这一部分主要调查受访者的具体测量项目，如心理资本、工作投入、知识分享、组织创新氛围、领导—成员交换、员工创新行为，从而达到本书的研究目的。这部分问卷共有 47 个问题，均采用李克特 5 级评分量表进行评分，从"完全不一致"到"完全一致"，从 1 分到 5 分不等。分数越低，认同度越低；分数越高，认同度越高。

初始问卷包括 6 个单项选择题和 47 个变量测量项目。但最初的问卷往往是不完善的，需要通过小样本预试进行修正，才能最终形成正式的问卷。

4.1.4　预测试（pilot test）

在创建正式问卷之前，必须进行试点测试，以评估初始问卷相关变量测量的有效性。根据专家评估和小样本数据分析的结果来调整问卷结构，删除和纠正不适当的测量项目，以保证问卷的质量。测量项目的有效性评价主要包括 IOC 测试、信度检验和效度检验。

4.1.4.1　内容效度检验

在进行大规模调查之前，先进行预测试或小样本问卷调查，以消除问卷中的"无价值项目"，并保证研究结果的有效性和可靠性。为了验证问卷内容的有效性，先进行了项目—目标一致性指数（IOC）来测试问卷的内容效度。初始问卷的所有项目由 6 位专家（3 位管理学教授、2 位副教授和 1 位高级经理）进行评估，并反复修改，直到达到评估分数标准。然后，针对预调查对象发放问卷，并检验调查数据的可靠性与有效性。在此基础上，删除没有通过检验的"无价值项目"后，形成正式问卷。

项目—目标一致性指数是一种在项目开发阶段评估测试内容有效性的方法（Rovinelli & Hamblelton，1977），它仅限于评估一维项目或具有特定技能集的项目。先由专家给每个问题项打分，标准为：清楚地测量＝1，不清楚＝0，测量不确定＝－1，再根据每位专家给出的分数计算出具体的IOC 指数值。计算公式如下：

$$IOC\ 指数 = \frac{所有专家评估得分}{专家人数}$$

如果 IOC 值大于 0.5，则问卷中的测量问题被认为是适当的，问卷的内容效度良好。根据 IOC 指数的测试标准，初始问卷分别由 6 位专家进行验证。6 位专家以"－1，0，1"的评分范围对问卷的每一项进行评分，然后计算出每个测量项目的 IOC 指数。IOC 指数小于 0.5 的项目将被修改或删除，而 IOC 指数大于或等于 0.5 的项目将被保留。修改或删除 IOC 指数小于 0.5 的测量项目后，再次重复这一过程，专家再次对所有测量项目评分。经多次重复后，所有测量项目的 IOC 指数都大于 0.5，得出最终结果（如附录 D 所示）。

根据初始问卷的 IOC 指数结果，员工创新行为的测量项目中"我会持续提高产品质量以保持客户满意度""我会对现有产品进行细分和开发"两个测量项被删除。工作投入的测量项目中"我尽最大努力完成工作""我对我的工作感兴趣"被删除了。知识分享的测量项目中"当我参与讨论时，我会尽力陈述我的观点""我乐于接受新思想或新事物"两个测量项被删除了。修订后的初始问卷的 IOC 终测总得分大于 0.5（IOC 均值1.00），符合标准，即问卷的内容效度良好。

4.1.4.2　结构效度检验

根据预调查的相关要求，预调查对象应与正式调查对象性质相同，而调查数量应是问卷中测量项最多的变量的 3～5 倍，确定预调查样本数量为 40。于 2022 年 5 月选取甘肃省兰州市的 3 家企业员工作为预调查对象，根据企业员工名录采取随机调查方式发放问卷 50 份，回收问卷 46 份，回收率达到92%。共筛选出无效问卷 6 份，有效问卷为 40 份，回收有效率达 87%。测量项目共分为 4 个部分：3 个自变量组织创新氛围、知识分享、领导—成员交换共 21 个测量项；中介变量心理资本共 6 个测量项；调节变量工作投入共 6 个测量项；因变量员工创新行为共 8 个测量项。本书对 40 份有效调查问卷的数据进行了 KMO 检验，以验证问卷的结构效度，结果见表 4.4。

表 4.4 预调查数据的 KMO 检验

变量	KMO	Bartlett Sig.
自变量	0.881	***
中介变量	0.897	***
调节变量	0.848	***
因变量	0.841	***

资料来源：笔者根据 SPSS 软件运行结果整理。

由表 4.4 可知，因变量（员工创新行为）的预调查量表的 KMO 值为 0.841，中介变量（心理资本）的预调查量表的 KMO 值为 0.897，调节变量（工作投入）的预调查量表的 KMO 值为 0.848，3 个自变量的预调查量表的 KMO 值为 0.881。所有量表的巴特利特球形度检验的 P 值都为 0.000。符合 KMO 值 >0.7，P 值 <0.01 的标准，通过 1% 的显著性水平检验，表明 41 个测量项目的结构效度都符合要求，适合进一步进行因子分析。

4.1.4.3 信度检验

克隆巴赫系数（Cronbach's α）通常用来衡量问卷的信度，即问卷的一致性和稳定性。在大多数文献研究中，α >0.7 被作为问卷信度的临界值。α 的最小可接受值在 0.65 ~ 0.70。经过项目—目标一致性检验（IOC），共有 6 个"无价值问题"被删除。运用 SPSS26.0 软件对 6 个变量的 41 个测量项进行了信度分析，所有项目的克隆巴赫系数都大于 0.7，符合标准要求，说明调查问卷具有良好的信度，见表 4.5。

表 4.5 预调查问卷的信度分析

变量	项目数量	克隆巴赫系数
员工创新行为	8	0.946
组织创新氛围	7	0.929

续表

变量	项目数量	克隆巴赫系数
领导—成员交换	8	0.959
心理资本	6	0.936
知识分享	6	0.935
工作投入	6	0.948

资料来源：笔者根据 SPSS 软件运行结果整理。

因此，修订后的问卷具有较高的信度和效度，可以在此基础上进行本书下一步的正式大规模问卷调查。

4.2　数据收集与样本量

4.2.1　人口分析

本书探讨了中国企业员工创新行为的影响因素，为了达到研究目的，研究对象的基本要求必须是中国企业中具有创新能力的员工。根据中华全国总工会 2023 年进行的第九次全国调查结果，中国约有 4.02 亿工人，平均年龄为 38.3 岁，平均受教育年限为 13.8 年。在全体员工中，文化程度为高中及以上者占比 85.0%；本科及以上者占比 35.5%。第一产业中员工平均受教育年限为 12.5 年，第二产业中员工平均受教育年限为 13.0 年，第三产业中员工平均受教育年限为 14.5 年。专业技术人员主要年龄在 30 ~ 50 岁，他们主要集中在社会工作、教育、生产制造业和卫生领域等行业。95.3% 的劳动者对获得新的职业技能或知识感兴趣，他们的年龄大多在 18 ~ 40 岁，以具有学士学位及以上的劳动者居多。由此可见，中国企业员工具有强烈的主观创新意愿。因此，本书重点调查了我国企业员工的创新行为现状及其影响因素。为了使调查对象具有广泛性和代表性，选取了西北、西南、华北、华南等中国不同地区的企业，涵盖了国企、外企、私企等不同类型企业的员工，并在员工年龄、性别、工龄、岗位类别、职位级别等方面体现了多样性和普遍性。同时，根据"员工创新行为"的个体特征，选取 20～39 岁的员工作为主要研究对象，兼顾其他年龄段的员工。

4.2.2 相关统计原则

一般情况下，研究者要根据统计学中对样本量的相关要求和具体的研究成本限制来确定具体的样本数量。在抽样前，先确定精度，再根据精度要求和经济成本确定最终抽取的样本量。根据这一观点，样本量的确定应该以抽样精度为准。过高的精度会导致成本增加，而精度不足又不能达到调查目的。因此，在确定样本量时，抽样精度是一个重要的考虑因素。样本容量与抽样误差的对应关系见表 4.6。

表 4.6　　　　　　　　　样本容量与抽样误差的对应关系

允许的抽样误差（E）（%）	样本量（n）	允许的抽样误差（E）（%）	样本量（n）
1.0	10000	5.5	320
1.5	4500	6.0	277
2.0	2500	6.5	237
2.5	1600	7.0	204
3.0	1100	7.5	178
3.5	816	8.0	156
4.0	625	8.5	138
4.5	494	9.0	123
5.0	400	9.5	110
		10.0	100

资料来源：王怀伟. 统计学教程 [M]. 北京：清华大学出版社，2004.

4.2.3 规模分析视角

本书采用 5% 的容许误差和 95% 的置信水平来估计样本容量，Z 值 =

1.96，即在95%置信水平下，实际参数的置信区间在平均值加减1.96倍的标准误差范围内，误差项设为 E =0.05。由于在研究之前没有估计员工的创新行为，本书将方差 P 设定为最大值0.5，根据科克伦（Cochran，2012）的研究确定的样本量为：

$$n = \frac{Z^2 \times P \times (1-P)}{e^2} = \frac{1.96^2 \times 0.5 \times (1-0.5)}{0.05^2} \approx 384$$

本书使用结构方程模型（SEM）来验证概念框架，而 SEM 模型对调查数据有特定要求。当变量数量与样本量的比例为10∶1时，样本更适用于结构方程模型分析。实际上，变量数的10~25倍是最佳样本量；但样本量为变量的5~10倍时也能产生令人满意的结果（Bentler & Chou，1987；Barrett，2007）。一般来说，应使用至少100的样本量，越多越好。本调查问卷给出了41个测量项目，样本量应在205~1025。

4.2.4 研究成本视角

任何抽样调查都需要在限定的资金和时间范围内按时完成。由于时间、精力和预算的限制，要求在节约研究成本的前提下，样本量尽可能小。根据巴瑞特（Barrett，2007）对样本量的看法，将样本选择限制在"绝对数量"是不合适的，因为每个母体群体的性质和特征都是不同的，具有高度异质性，因此，有效个体数量的差异很大，可接受的样本量标准只是一个参考指标。如果抽样方法不当，虽然选取了大样本，但代表性很低，还不如选取抽样方法适当的代表性小样本。

4.2.5 正式问卷调查

本书主要通过网络问卷调查收集数据，采用在线发放调查问卷的方式收集样本数据。首先，通过专业调查网站（https：//www.wjx.cn）发布调查问卷。其次，根据调查对象的特征选取特定目标对象。再次，通过微信、QQ、电子邮件等方式提前联系被调查者，邀请其填写问卷，并再次强调填写要求。在线问卷调查具有以下优点。

（1）便于填写。问卷中大部分是选择题，方便作答，省时省力，快捷高效。

（2）不受地域和时间的限制。便于研究者从国内不同地区、不同行业中选择合适的创新型员工进行调查，保证了本书样本的广泛性和代表性。被调查者还可以根据自己的需要，灵活选择合适的时间进行填写。

（3）避免干扰。与其他调查方式相比，受访者的焦虑感和防御性较小，可以避免第三方的干扰。

（4）方便收集问卷信息，节省大量调查成本。减少了现场调查产生的出差费等成本费用。

（5）专业调查网站的在线问卷一般会自动生成相关调查统计结果，有效减少了人工成本和输入错误。

在回收正式问卷后，删除无效问卷。主要包括以下情形：一是填写不完整的问卷，部分问题未作答；二是随机填写答案，如某部分题目都选择A答案或B答案等，不能如实反映受访者的内心想法。调查时间为2022年7月至2022年12月，历时6个月，总共邀请了480名符合条件的受访者，共收回问卷460份，剔除填写不规范、不完整和答案明显不合理的问卷后，共收回有效问卷445份。问卷回收有效率为92.7%，符合要求，可用于进一步的实证数据分析。

4.3 描述性统计与信度效度分析

4.3.1 描述性统计分析

在定量研究中，描述性统计可以分为两部分。第一部分描述被调查样本的基本信息，如年龄、性别、工作年限、工作时间等。第二部分使用最大值、最小值、均值、标准差和方差等来描述心理资本、工作投入、知识分享、组织创新氛围、领导—成员交换、员工创新行为等变量，并分析每个变量和每个维度的集中程度，以了解样本在这些相关变量中的一般反应。

4.3.2 信度分析

信度指测试结果的稳定性、一致性和可靠性。信度系数越高，表示该测试的结果越可靠、一致与稳定。通常用克隆巴赫系数（Cronbach's α）来测试信度的大小。α越大，可靠性效果越好。一般来说，总量表的 α 系数以大于 0.80 为好，如果 α 系数在 0.70 ~ 0.80 是可接受的范围；分量表的 α 系数应大于 0.70，如果大于 0.80 则表明内部一致性极好。当 α 系数小于 0.6 时，说明内部信度一致性不足，需要重新设计问卷，删除信度低的项目。表 4.7 列出了各变量的子量表的 α 值所对应的信度等级；表 4.8 列出了总量表 α 值所对应的信度等级。

表 4.7 子量表的 Cronbach's α 指数值范围

Cronbach's α	标准等级
$0.9 \leqslant \alpha$	极好的
$0.8 \leqslant \alpha < 0.9$	较好的
$0.7 \leqslant \alpha < 0.8$	可接受的
$0.6 \leqslant \alpha < 0.7$	有问题的
$0.5 \leqslant \alpha < 0.6$	较差的
$\alpha < 0.5$	不能接受的

资料来源：Devellis R F. Scale Development：Theory and Applications ［M］. London：Sage Publications，2003.

表 4.8 总量表的 Cronbach's α 指数值范围

Cronbach's α	标准等级
$0.8 \leqslant \alpha$	极好的
$0.7 \leqslant \alpha < 0.8$	较好的

Cronbach's α	标准等级
0.6≤α<0.7	可接受的
α<0.6	较差的
α<0.5	不能接受的

资料来源：Devellis R F. Scale Development：Theory and Applications［M］. London：Sage Publications，2003.

4.3.3　效度分析

效度是评估量表的有效性或准确性，是确定量表是否能达到实际测量需求的指标。本书主要对问卷的内容效度和结构效度进行检验。

4.3.3.1　内容效度

内容效度是指问卷内容的有效性和代表性。本书分析了员工创新行为的影响因素。在参考相关权威研究中信度和效度较好的多个量表和题项的基础上，与6位专家探讨多个题项的选择和表达，并通过预调查对问卷题项进行删减和调整，以保证研究问卷的高内容效度。

4.3.3.2　结构效度

结构效度是指问卷结构与特质是否相一致，即问卷是否能实现测量的目的，能否准确衡量所需了解的属性的程度。例如，用创新能力测试量表对被测对象进行测试，得分高代表被测对象创新能力较强；得分低则说明被测对象创新能力较弱。

（1）KMO与Bartlett's球形度检验。KMO检验的主要目的是判断测量模型是否适用于因子分析。KMO的判定标准见表4.9，如果KMO值小于0.5，因子分析就不再适用。同时，在检验KMO时，还要检验Bartlett's球形度，要求其≤0.01，表示达到显著性水平。

表 4.9   KMO 指数值

KMO 值	有效性
大于 0.9	非凡的
0.8 ~ 0.9	值得称赞的
0.7 ~ 0.8	中等的
0.6 ~ 0.7	普通的
0.5 ~ 0.6	较差的
小于 0.5	不能接受的

资料来源：陈希镇. 现代统计分析方法的理论和应用 ［M］. 北京：国防工业出版社，2016.

（2）探索性因子分析（exploratory factor analysis，EFA）。主要采用主成分分析法和最大方差法对变量降维，提取核心因子，并对因子进行分类，找出观测变量之间的本质关系，从而检验变量与假设模型设计的合理性。

4.3.3.3　验证性因子分析

验证性因子分析（confirmatory factor analysis，CFA）通常采用结构方程模型（SEM）进行，是为了检验变量与测量项之间是否符合设定的理论关系。验证性因子分析还可以检验不同测量项之间是否存在关联或因果关系，即对测量模型的合理性进行检验。验证性因子分析一般包括收敛效度分析和区分效度分析。

（1）收敛效度分析。在验证性因子分析中，测量的收敛有效性是通过平均变异提取值（AVE）和因素的组成信度（CR）来衡量的。一般来说，建议用标准化因子负荷的平方来衡量一个题目的可靠性。如果标准化因子的负荷大于 0.5，则说明其具有指标信度，即每个题目的解释力大于 50%。CR 表示某一变量的测量项目总信度，CR 值越大，代表变量的内部一致性越高。收敛效度通过以下四个步骤进行检验。

①为验证每个因子负荷的统计显著性，因子负荷量应大于 0.6。

②每个题目信度 SMC 应大于 0.36。

③用组成信度 CR 来验证一个变量内部各测量题项的内部一致性，CR

大于0.7是通过检验的标准。

④平均变异提取值（AVE）是潜在变量对测量变量解释能力的平均值，AVE 值一般应大于0.50。

（2）区分效度分析。区分效度（discriminant validity）是指用统计方法证明与某变量不存在相关性的题项确实同该变量没有相关，说明这一测试量表具有良好的区分效度。例如，如果一项研究假设心理资本与知识分享有很大区别，而相关测试中的心理资本得分和知识分享没有显著相关性，则认为这项测试具有良好的区分效度。在验证性因子分析中，区分效度的评价方法是使用 AVE 的平方根和潜在变量与其他潜在变量之间的相关系数进行比较（Fornell & Larcker，1981）。

（3）模型的总体拟合指数。评价模型的拟合度一般使用验证性因子分析的拟合指标，见表4.10。

表4.10　　　　　　　　　验证性因子分析的拟合指标和标准

类别	模型拟合指数	标准	学者
绝对拟合	x^2/df（Normal Chi-square）	$1<x^2/df<3$	黑尔等（Hair et al.，2011）
	GFI（Goodness of Fit Index）	>0.9	西格和格罗弗（Segars & Grover，1993）
	AGFI（Adjust Goodness of Fit）	>0.9	西格和格罗弗（Segars & Grover，1993）
	RMSEA（Root-mean-square error of approximation）	<0.08	布朗和杜德克（Browne & CudeCk，1992）
	SRMR（Standardized root mean square residual）	<0.08	布朗和杜德克（Browne & CudeCk，1992）
相对拟合	TLI（Tucker-Lewis Index）	>0.9	本特利和博内特（Bentler & Bonet，1980）
	NFI（Bentler-Bonett Index or Normed Fit Index）	>0.9	本特利和博内特（Bentler & Bonet，1980）
	CFI（Comparative Fit Index）	>0.9	本特利（Bentler，1990）
	IFI（Incremental Fit Index）	>0.9	本特利和博内特（Bentler & Bonet，1980）

资料来源：笔者根据相关文献整理。

4.4　结构模型检验与假设检验

4.4.1　结构模型检验

结构模型检验是使用结构方程模型（SEM）这一工具来检验结构图中各潜变量之间的关系是否与假设一致。它的突出优点在于既能同时考虑多个因变量，又能准确计算每个因变量的路径系数。因为本书中的变量都是个人主观判断和内心感受的度量，无法直接观察到，属于潜变量的范畴，所以使用结构方程模型（SEM）进行研究更具有优势。

与计量经济学中的多元回归和联立方程等传统统计方法相比，它具有独特的优势。结构方程模型在 20 世纪 80 年代已经发展成熟，可以弥补传统统计方法无法求解潜变量所带来的缺点。SEM 分析研究中最重要的概念是，先要了解什么是潜在变量，如心理资本、员工创新行为等，这些变量是无法直接测量的，所以必须通过可测量的问题即观察变量来间接测量。分析的关键是因素之间的相关性（一般在 SEM 软件中画双向箭头的弧线），而不是讨论因果关系（一般在 SEM 软件中画单向箭头）。因此，结构方程模型分析的前提是需要一个好的测量模型。只有当测量模型能够准确反映研究变量时，才可以进行 SEM 分析。

由于 AMOS 软件可以快速绘制各种假设模型图，输出报表数据并易于解读，因此，本书使用 AMOS26.0 软件检验结构模型中各变量之间的关系，并根据检验结果对假设模型进行优化。检验结构模型时，先要验证模型与数据的拟合度。拟合水平越高，模型越接近样本，研究就越可靠。根据 AMOS 分析结果，在优化后的模型拟合度达到标准要求，显著性小于 0.05 的基础上，对结构模型各路径系数进行有效性检验，明确各变量的假设路径是否成立以及各路径的强度大小。

4.4.2　中介效应检验

运用 SPSS26.0，采用 Bootstrap 自助分析法来检验心理资本的中介效应。如果 X 对 Y 的直接效应为 C，X 通过 A 和 B 路径作用于 Y，如果模型中 A 和 B 的路径具有统计显著性，且直接效应 c′接近于 0，则表示 X 和 Y 之间存在中介效应。自助分析法表现为对原始样本的重复抽样统计，$a \times b$ 的乘积在创建抽样样本时自行计算。根据海耶斯（Hayes，2009）的说法，这个过程应该进行至少 1000 次，理想情况下是 5000 次。通过重复该过程 5000 次，可以创建间接影响的标准误差和置信区间，这将导致间接影响的 5000 个估计值（$a \times b$）。这 5000 个间接效应然后会形成自己的抽样分布。自助技术尤其是偏倚校正自助法，可以通过统计检验的间接影响产生置信区间。要证明 X 和 Y 之间存在中介效应，则需要确认此置信区间不包括 "0"，且通过显著性检验。

4.4.3　调节效应检验

调节效应检验则采用 SPSS 的层次分析法进行。把教育背景和职位等级设为控制变量；把路径关系的起始方：把知识分享、组织创新氛围、领导—成员关系等设为自变量，并在自变量中增加调节变量及调节变量和自变量的交互项；在每个调节效应的检验过程中，分别建立 3 个模型进行检验。

第5章

实证分析与假设检验

5.1 样本描述性统计与信度分析

5.1.1 样本人口统计分析

本章对调查样本进行了基本的统计分析，见表5.1。

表5.1 研究样本人口统计学数据检验

基本信息	项目	数量（人）	百分比（%）
性别	女	262	58.9
	男	183	41.1
年龄	20~29 岁	172	38.6
	30~39 岁	152	34.2
	40~49 岁	81	18.2
	50~59 岁	40	9.0
	合计	445	100
受教育水平	初中及以下	2	0.4
	高中（中专）	21	4.7
	大专	75	16.9
	本科	222	49.9
	硕士	120	27.0
	博士及以上	5	1.1
	合计	445	100

续表

基本信息	项目	数量（人）	百分比（%）
职位等级	普通员工	230	51.7
	基层经理	100	22.5
	中层经理	73	16.4
	高级经理	31	7.0
	企业家	11	2.5
	合计	445	100
工作年限	少于1年	90	20.2
	1~3年	94	21.1
	4~6年	68	15.3
	7~10年	63	14.2
	10年以上	130	29.2
	合计	445	100
企业性质	国有企业	139	31.2
	外资企业	19	4.3
	民营企业	175	39.3
	其他形式	112	25.2
	合计	445	100

资料来源：笔者根据样本资料整理。

表5.1提供了调查具有代表性和样本分布适当的证据。根据对样本数据的检验，20~39岁的样本量占总样本量的72.4%。这是因为样本主要选择善于创新的员工，这些员工年龄大部分在20~39岁。受教育水平为本科和硕士的样本量为总样本量的76.9%，表明创新型员工普遍具有较高的学历，与第2章文献综述中的观点一致。这项研究的主要焦点是企业创新，它是由受过高等教育的年轻人推动的。因此，这个样本可以用来说明中国创新型员工的基本特质。此外，在调查样本中，最大比例（41.3%）由在企业工作了0~3年的员工组成。国有企业和私营企业占全部样本的70.6%，是所有企业中样本数量最多的。这与大多数参与调查者年龄在40岁以下、来自西部和华南、华北地区的事实有关。

5.1.2　样本描述性统计分析

本书提出的关系模型包含 6 个变量。所有变量测量项都采用李克特 5 等级量表，其最大值为 5，最小值为 1。在每个测量项目上得分越大，评价水平越高。

变量的描述性统计分析结果见表 5.2。其中平均值最高的项目有：WE01 "我会尽力做好我的工作"，KS03 "我会尽力向我的同事们提供需要的信息和资料"。这充分说明了受调查者愿意对工作全身心地投入，并且愿意主动与他人进行知识分享。这与本书对我国企业创新型员工的调查分析结果一致。平均值较低的项目集中在领导—成员交换这一变量的测量项中，分值最低的两个项目分别是：LMX05 "为了领导，我不介意做额外的工作"，LMX03 "当我受到攻击时，领导会为我辩护"。这说明创新型员工对领导与成员交换关系的满意度较低，可能与创新型员工通常更关注自身职业发展，弱化职业等级，更善于用平等、开放的观念看待上下级关系和同事关系的特点有关。

表 5.2　　　　　　　　　　　　样本描述性统计分析结果

测量项	样本数	最小值	最大值	平均值	标准差	偏度	峰度
EIB01	445	1	5	4.02	0.942	−1.027	1.159
EIB02	445	1	5	4.12	0.928	−1.274	1.869
EIB03	445	1	5	4.02	0.932	−1.008	0.979
EIB04	445	1	5	4.08	0.927	−1.034	0.973
EIB05	445	1	5	3.88	0.937	−0.698	0.215
EIB06	445	1	5	3.92	0.910	−0.771	0.591
EIB07	445	1	5	3.84	0.956	−0.578	−0.142
EIB08	445	1	5	4.05	0.913	−1.021	1.236
PC01	445	1	5	3.99	0.848	−0.879	1.334
PC02	445	1	5	4.09	0.824	−1.013	1.645
PC03	445	1	5	3.93	0.858	−0.540	0.030
PC04	445	1	5	3.88	0.913	−0.609	0.059

测量项	样本数	最小值	最大值	平均值	标准差	偏度	峰度
PC05	445	1	5	3.97	0.884	-0.750	0.465
PC06	445	1	5	4.04	0.821	-0.722	0.683
WE01	445	1	5	4.41	0.774	-1.621	3.584
WE02	445	1	5	4.26	0.821	-1.246	2.015
WE03	445	1	5	4.21	0.878	-1.248	1.765
WE04	445	1	5	4.07	0.894	-0.850	0.520
WE05	445	1	5	4.23	0.871	-1.329	2.155
WE06	445	1	5	4.17	0.875	-1.155	1.567
KS01	445	1	5	4.27	0.820	-1.287	2.279
KS02	445	1	5	4.29	0.806	-1.413	2.859
KS03	445	1	5	4.31	0.801	-1.537	3.519
KS04	445	1	5	4.14	0.808	-0.957	1.443
KS05	445	1	5	4.12	0.854	-0.999	1.275
KS06	445	1	5	4.17	0.832	-1.002	1.289
OIC01	445	1	5	4.01	0.914	-0.849	0.611
OIC02	445	1	5	4.04	0.870	-0.795	0.597
OIC03	445	1	5	3.85	1.023	-0.696	-0.053
OIC04	445	1	5	4.08	0.906	-1.051	1.274
OIC05	445	1	5	4.14	0.879	-1.045	1.152
OIC06	445	1	5	3.98	0.962	-0.927	0.729
OIC07	445	1	5	4.03	0.942	-0.997	0.952
LMX01	445	1	5	3.90	0.959	-0.735	0.271
LMX02	445	1	5	3.81	0.970	-0.587	-0.013
LMX03	445	1	5	3.75	1.001	-0.599	-0.080
LMX04	445	1	5	3.78	0.993	-0.592	-0.086
LMX05	445	1	5	3.72	1.057	-0.644	-0.095
LMX06	445	1	5	4.14	0.845	-1.021	1.280
LMX07	445	1	5	3.99	0.956	-0.936	0.787
LMX08	445	1	5	3.92	0.962	-0.706	0.132
有效案例数 （以列为单位）	445						

资料来源：笔者根据 SPSS26.0 软件运行结果整理。

要确保样本有效并可以进行相应的统计学分析，必须使样本符合正态分布。衡量指标和标准是调查样本的偏度（SKEWNESS）的绝对值要小于2，峰度（KURTOSIS）的绝对值要小于5。如表5.2所示，所有项目的偏度绝对值都在0~2，峰度绝对值都在0~5，说明所有测量项目的样本数据都符合基本阈值条件。

5.1.3　样本信度分析

使用SPSS26.0软件，对样本数据进行信度分析，结果见表5.3。员工创新行为量表、心理资本量表、工作投入量表、知识分享量表、组织创新氛围量表、领导—成员交换量表的克隆巴赫系数都大于0.7，说明所有量表的信度良好。

表5.3　　　　　　　　　各变量测量量表的信度检验

变量	Cronbach's α	题项数量
EIB	0.939	8
PC	0.915	6
WE	0.950	6
KS	0.943	6
OIC	0.951	7
LMX	0.951	8

资料来源：笔者根据SPSS26.0软件运行结果整理。

5.2　KMO检验与探索性因子分析

5.2.1　自变量的KMO检验与探索性因子分析

5.2.1.1　自变量的KMO检验

对3个自变量组织创新氛围、知识分享和领导—成员交换共21个测量项进行了 KMO 检验，结果见表 5.4。KMO 值 0.958 > 0.8，巴特利特球形度检验显著性为 0.000，达到标准要求。

表 5.4 自变量的 KMO 检验结果

KMO		0.958
巴特利特球形度检验 （Bartlett's Sig.）	近似卡方	10136.115
	自由度（df）	210
	显著性（Sig.）	0.000

资料来源：笔者根据 SPSS26.0 软件运行结果整理。

5.2.1.2 自变量的探索性因子分析

对自变量进行探索性因子分析，用主成分分析法提取特征值大于 1 的因子，结果共提取出 3 个公因子，旋转平方和累计为 77.413%，大于 60%。经正交旋转法旋转后，21 个测量项目可归为 3 个因子，每个项目的负荷都高于 0.5，说明提取的 3 个因子所包含的信息比较全面，不存在 2 个因子的高负荷，因子提取结果与预先设计基本一致，见表 5.5、表 5.6。

表 5.5 自变量的总方差解释

成分	初始特征值			提取载荷平方和			旋转载荷平方和		
	总计	方差 百分比	累积 百分比	总计	方差 百分比	累积 百分比	总计	方差 百分比	累积 百分比
1	13.056	62.173	62.173	13.056	62.173	62.173	5.990	28.526	28.526
2	2.016	9.602	71.775	2.016	9.602	71.775	5.276	25.125	53.651
3	1.184	5.638	77.413	1.184	5.638	77.413	4.990	23.762	77.413
4	0.587	2.793	80.207						
5	0.523	2.492	82.699						
6	0.499	2.378	85.076						
7	0.408	1.944	87.020						
8	0.314	1.497	88.517						
9	0.280	1.333	89.850						
10	0.274	1.305	91.155						
11	0.257	1.222	92.377						

续表

成分	初始特征值			提取载荷平方和			旋转载荷平方和		
	总计	方差百分比	累积百分比	总计	方差百分比	累积百分比	总计	方差百分比	累积百分比
12	0.220	1.045	93.423						
13	0.213	1.015	94.437						
14	0.198	0.943	95.381						
15	0.186	0.884	96.265						
16	0.179	0.850	97.116						
17	0.163	0.778	97.894						
18	0.152	0.724	98.618						
19	0.115	0.546	99.164						
20	0.096	0.456	99.621						
21	0.080	0.379	100.000						

注：提取方法：主成分分析法。

表 5.6　　　　　　　　　　自变量的旋转成分矩阵

变量	测量项目	成分		
		1	2	3
组织创新氛围（OIC）	OIC01			0.737
	OIC02			0.742
	OIC03			0.767
	OIC04			0.722
	OIC05			0.755
	OIC06			0.696
	OIC07			0.697
领导—成员交换（LMX）	LMX01	0.805		
	LMX02	0.821		
	LMX03	0.843		
	LMX04	0.840		
	LMX05	0.716		
	LMX06	0.529		
	LMX07	0.737		
	LMX08	0.765		

续表

变量	测量项目	成分		
		1	2	3
知识分享 （KS）	KS01		0.816	
	KS02		0.826	
	KS03		0.822	
	KS04		0.783	
	KS05		0.767	
	KS06		0.777	

注：提取方法：主成分分析法。
旋转方法：凯撒正态化最大方差法。
旋转在 3 次迭代后已经收敛。

5.2.2 中介变量的 KMO 检验与探索性因子分析

5.2.2.1 中介变量的 KMO 检验

对中介变量心理资本共 6 个测量项进行 KMO 检验，KMO 值为 0.915 > 0.8，巴特利特球形度检验的显著性为 0.000，表明样本适合进行因子分析，见表 5.7。

表 5.7 中介变量的 KMO 检验结果

KMO		0.915
巴特利特球形度检验 （Bartlett's Sig.）	近似卡方	1757.0969
	自由度（df）	15
	显著性（Sig.）	0.000

资料来源：笔者根据 SPSS26.0 软件运行结果整理。

5.2.2.2 中介变量的探索性因子分析

用主成分分析法提取特征值大于 1 的因子，共提取了 1 个公因子，提取比例为 70.615%，大于 60%，每个项目的负荷都高于 0.5。说明提取的因子所包含的信息比较全面，不存在 2 个双因子的高负荷，所有观察变量都按照理论预设聚合到各个维度，见表 5.8、表 5.9。

表 5.8　　　　　中介变量的总方差解释

成分	初始特征值			提取载荷平方和		
	总计	方差百分比	累计百分比	总计	方差百分比	累计百分比
1	4.237	70.615	70.615	4.237	70.615	70.615
2	0.552	9.201	79.816			
3	0.372	6.193	86.009			
4	0.324	5.405	91.414			
5	0.273	4.553	95.967			
6	0.242	4.033	100.000			

注：提取方法：主成分分析法。

表 5.9　　　　　中介变量的旋转成分矩阵

变量	测量项目	成分 1
心理资本 （PC）	PC01	0.879
	PC02	0.876
	PC03	0.858
	PC04	0.852
	PC05	0.733
	PC06	0.835

注：提取方法：主成分分析法。
旋转方法：凯撒正态化最大方差法。
旋转在 3 次迭代后已经收敛。

5.2.3　调节变量的 KMO 检验与探索性因子分析

5.2.3.1　调节变量的 KMO 检验

对调节变量工作投入共 6 个测量项进行 KMO 检验，KMO 值为 0.908 > 0.8，显著性为 0.0000，适合进行因子分析，见表 5.10。

表 5.10   调节变量的 KMO 检验结果

KMO		0.908
巴特利特球形度检验 （Bartlett's Sig.）	近似卡方	2660.509
	自由度（df）	15
	显著性（Sig.）	0.000

资料来源：笔者根据 SPSS26.0 软件运行结果整理。

5.2.3.2 调节变量的探索性因子分析

用主成分法提取调节变量量表中特征值大于 1 的因子。提取的负荷平方和为 80.211%，大于 60%。共提取了 1 个公因子，每个项目的负荷都高于 0.5，说明提取的因子所包含的信息比较全面，不存在 2 个双因子的高负荷，探索性因子分析结果符合理论预设，见表 5.11、表 5.12。

表 5.11   调节变量的总方差解释

成分	初始特征值			提取载荷平方和		
	总计	方差百分比	累计百分比	总计	方差百分比	累计百分比
1	4.813	80.211	80.211	4.813	80.211	80.211
2	0.415	6.914	87.125			
3	0.250	4.161	91.286			
4	0.214	3.559	94.845			
5	0.191	3.186	98.031			
6	0.118	1.969	100.000			

注：提取方法：主成分分析法。

表 5.12   调节变量的旋转成分矩阵

变量	测量项目	成分1
工作投入 （WE）	WE01	0.876
	WE02	0.869
	WE03	0.933

续表

变量	测量项目	成分1
工作投入（WE）	WE04	0.887
	WE05	0.907
	WE06	0.901

注：提取方法：主成分分析法。

旋转方法：凯撒正态化最大方差法。

旋转在 3 次迭代后已经收敛。

5.2.4　因变量的 KMO 检验与探索性因子分析

5.2.4.1　因变量的 KMO 检验

对因变量员工创新行为共 8 个测量项进行 KMO 检验，KMO 值为 0.910 > 0.8，显著性为 0.0000，可以进行因子分析，见表 5.13。

表 5.13　　　　　因变量的 KMO 和巴特利特球形度检验

KMO		0.910
巴特利特球形度检验（Bartlett's Sig.）	近似卡方	2898.459
	自由度（df）	28
	显著性（Sig.）	0.000

资料来源：笔者根据 SPSS26.0 软件运行结果整理。

5.2.4.2　因变量的探索性因子分析

用主成分分析法提取因变量员工创新行为量表中特征值大于 1 的因子。只提取了 1 个公因子，提取比例为 69.958%，每个项目的负荷都大于 0.5，说明提取的因子所包含的信息比较全面，不存在 2 个双因子的高负荷，根据理论预设把全部观察变量组合到每个维度中，见表 5.14、表 5.15。

表 5.14   因变量的总方差解释

成分	初始特征值			提取载荷平方和		
	总计	方差百分比	累计百分比	总计	方差百分比	累计百分比
1	5.597	69.958	69.958	5.597	69.958	69.958
2	0.717	8.961	78.919			
3	0.456	5.694	84.612			
4	0.379	4.744	89.356			
5	0.277	3.459	92.816			
6	0.232	2.897	95.712			
7	0.188	2.347	98.060			
8	0.155	1.940	100.000			

注：提取方法：主成分分析法。

表 5.15   因变量的旋转分量矩阵

变量	测量项目	成分1
员工创新行为 （EIB）	EIB01	0.814
	EIB02	0.852
	EIB03	0.823
	EIB04	0.830
	EIB05	0.832
	EIB06	0.857
	EIB07	0.875
	EIB08	0.807

注：提取方法：主成分分析法。
旋转方法：凯撒正态化最大方差法。
旋转在3次迭代后已经收敛。

5.3 验证性因子分析

验证性因子分析是对调查数据的统计检查，用于评估一个潜在变量和相关的可观察变量之间的关系是否与研究人员预先确定的理论关系相匹配，其主要目的是验证潜变量是否能被观察变量准确地测量，包括模型设定、识别、估计、评价和修正等过程。

5.3.1　各测量模型的验证性因子分析

根据构建结构方程模型的两步骤方法（Anderson et al.，1988），本书在构建结构模型之前在概念框架中设定 6 个测量元素。利用 AMOS 软件中的固定负荷法和最大似然法对由独立变量组成的经济计量模型进行了初步分析，我们将其分为 4 类进行验证性因素分析（CFA），要求每个测量项的标准化的因子载荷值大于 0.7，模型拟合指数要达到相应标准。对于未达到验证标准的测量项进行了删减与调整。优化后的自变量验证模型如图 5.1 所示，中介变量验证模型如图 5.2 所示，调节变量验证模型如图 5.3 所示，结果变量验证模型如图 5.4 所示。

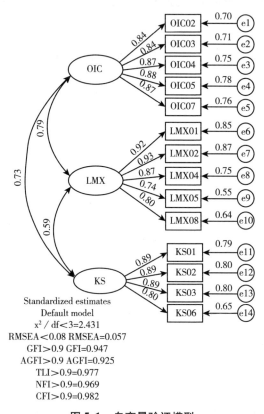

图 5.1　自变量验证模型

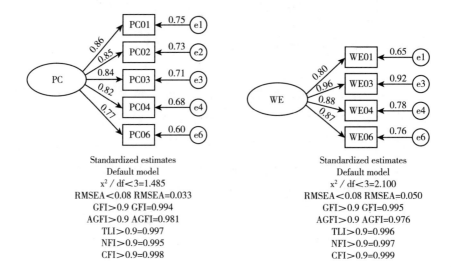

图 5.2 中介变量（心理资本）验证模型　　图 5.3 调节变量（工作投入）验证模型

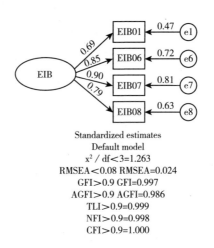

图 5.4 因变量验证模型

　　模型的拟合指数结果如表 5.16 所示。一般来说，卡方与自由度之比（x^2/df）应该大于 1、小于 3。大于 3 的比率表明模型拟合差；小于 1 的比率表示模型拟合过度。在本书中，各验证模型的 x^2/df 依次为 2.431、1.485、2.100 和 1.263，表明该指标符合评价标准。模型中的拟合优度指数（GFI）依次为 0.947、0.994、0.995 和 0.997，调整后的拟合优度指数

（AGFI）分别为 0.925、0.981、0.976 和 0.986，说明这个模型拟合度高。赋范拟合指数（NFI）分别为 0.969、0.995、0.997 和 0.998，它满足大于 0.9 的标准。非范拟合指数（TLI）的范围从 0~1，典型值为 0.9，TLI 等于 1 表示数据完全符合模型要求。本书中的 TLI 依次为 0.977、0.997、0.996 和 0.999。比较拟合指数被称为 CFI，值的范围从 0~1。显著标准是 0.9，当 CFI 等于 1 时，数据被认为与模型完全匹配。在本书中，CFI 值依次为 0.982、0.998、0.999 和 1.000。RMSEA 是近似误差均方根的缩写，通常该值小于 0.08。在测量模型中，RMSEA 值依次为 0.057、0.033、0.050 和 0.024。总体来说，验证性因子分析的所有指标都符合既定的标准，模型的总体拟合度是令人满意的，该模型可以得到验证。

表 5.16　　　　　　　　　　各测量模型的拟合指数检验

模型拟合	x^2/df	GFI	AGFI	NFI	TLI	CFI	RMSEA
自变量模型	2.431	0.947	0.925	0.969	0.977	0.982	0.057
中介变量模型（PC）	1.485	0.994	0.981	0.995	0.997	0.998	0.033
调节变量模型（WE）	2.100	0.995	0.976	0.997	0.996	0.999	0.050
因变量模型（EIB）	1.263	0.997	0.986	0.998	0.999	1.000	0.024
标准值	$1 < x^2/df < 3$	>0.9	>0.9	>0.9	>0.9	>0.9	<0.08
是否符合标准	Yes	Yes	Yes	Yes	Yes	Yes	Yes

资料来源：笔者根据 AMOS26.0 软件运行结果整理。

5.3.2　收敛效度检验

汤书昆等（2008）认为，聚合效度是指当两种不同的测量工具被用来测量同一指标时产生的一种强相关的分类。根据李季等（2009）的建议，本书用组合信度（CR）和提取的方差平均值（AVE）来检验收敛效度。表 5.17 显示了具体的结果。

表 5.17 收敛效度分析结果

维度	测量项目	参数显著性估计				因素负荷量	题目信度	组成信度	收敛效度
		Unstd.	S. E.	C. R.	P	Std.	SMC	CR	AVE
OIC	OIC02	1.000				0.836	0.699	0.934	0.740
	OIC03	1.192	0.054	22.245	***	0.848	0.719		
	OIC04	1.077	0.047	23.024	***	0.865	0.748		
	OIC05	1.061	0.045	23.596	***	0.878	0.771		
	OIC07	1.131	0.048	23.408	***	0.874	0.764		
LMX	LMX01	1.000				0.922	0.850	0.932	0.733
	LMX02	1.022	0.030	34.502	***	0.932	0.869		
	LMX04	0.972	0.034	28.254	***	0.866	0.750		
	LMX05	0.890	0.043	20.575	***	0.744	0.554		
	LMX08	0.870	0.037	23.632	***	0.800	0.640		
PC	PC01	1.000				0.864	0.746	0.918	0.692
	PC02	0.961	0.041	23.190	***	0.854	0.729		
	PC03	0.984	0.044	22.524	***	0.840	0.706		
	PC04	1.026	0.047	21.788	***	0.823	0.677		
	PC06	0.868	0.044	19.745	***	0.775	0.601		
KS	KS01	1.000				0.891	0.794	0.925	0.756
	KS02	0.990	0.036	27.464	***	0.898	0.806		
	KS03	0.979	0.036	27.168	***	0.893	0.797		
	KS06	0.903	0.042	21.594	***	0.792	0.627		
WE	WE01	1.000				0.812	0.659	0.946	0.777
	WE03	1.328	0.052	25.627	***	0.950	0.903		
	WE04	1.257	0.055	22.893	***	0.884	0.781		
	WE06	1.227	0.054	22.790	***	0.881	0.776		
EIB	EIB01	1.000				0.685	0.569	0.884	0.657
	EIB06	1.193	0.075	15.877	***	0.846	0.716		
	EIB07	1.337	0.081	16.539	***	0.903	0.815		
	EIB08	1.122	0.075	15.046	***	0.793	0.629		

标准 Criterion：CR > 0.7，（Hair et al.，2011）AVE > 0.5（Fornell & Larcker，1981）

注：*** 表示 P < 0.001。

资料来源：笔者根据 AMOS26.0 软件运行结果整理。

由表 5.17 可以看出，各测量项的参数显著性估计、因素负荷量、题目信度、组成信度、收敛信度指标都达到了要求标准，说明测量项目很好地代表了相关的潜变量。首先，变量在它所反映的成分上的标准化负荷，即标准化效度系数用于评估单个项目的可靠性（Bollen，1989），所有指标的标准化负荷都在 0.7 以上，超过了最低可接受值阈值 0.50（Bagozzi，1981），并且小于 1，显著性 P 值 < 0.001，说明所有测量项目的可靠性都是令人满意的。其次，项目的题目信度（SMC）全部大于 0.5，符合标准。最后，题目的可靠性主要用组成信度（CR）来评价。根据乔瑞斯克（Jo-reskog，1986）提出的公式计算的各变量的 CR 值，分别为 0.934、0.932、0.918、0.925、0.946 和 0.884，高于海尔提出的 0.7 的标准。因此，题目的可靠性是可以接受的。

另外，平均方差（AVE）是验证测量模型的收敛效度和区别效度的主要指标。创建的变量项目表现出很强的收敛效度，采用福内尔和拉克尔（Fornell & Larcker，1981）提出的 AVE 计算公式，AVE 值分别为 0.740、0.733、0.692、0.756、0.777 和 0.657，这些值都大于 0.5 的阈值。

5.3.3　区分效度检验

皮尔逊相关系数（pearson correlation coefficient）用于衡量两个变量之间的线性相关程度。它的值在 -1 ~ 1，负值说明两个变量负相关，正值说明两个变量正相关，值为 0 说明两者无明显相关，绝对值越接近于 1 说明相关性越强。本书把 AVE 的平方根与皮尔逊相关系数相比较，用来检验量表的区分效度的大小。

由表 5.18 可以看出，对角线加粗数值表示各变量 AVE 的算术平方根，分别大于对应变量的相关系数，表明该量表具有稳健的区分效度。根据分析结果，员工创新行为、知识分享、心理资本、领导—成员交换、组织创新氛围和工作投入的相关系数分别为 0.637、0.513、0.625、0.654、0.563 和 0.777，同时相应的 P < 0.01，表明都具有显著性。简单来说，这

项研究中的 6 个测量模型都满足标准，并适用于随后的结构模型分析。

表 5.18　　　　　　　　　区分效度分析

变量	AVE	EIB	KS	PC	LMX	OIC	WE
EIB	0.657 **	**0.811**					
KS	0.756 **	0.740 **	**0.869**				
PC	0.692 **	0.806 **	0.783 **	**0.832**			
LMX	0.733 **	0.621 **	0.593 **	0.629 **	**0.856**		
OIC	0.740 **	0.739 **	0.729 **	0.706 **	0.768 **	**0.860**	
WE	0.777 **	0.637 **	0.513 **	0.625 **	0.654 **	0.563 **	**0.881**

注：** 表示在 0.01 水平上显著的相关，右上角的数值代表 AVE 的平方根。
资料来源：笔者根据 AMOS26.0 软件运行结果整理。

5.4　结构方程模型检验

5.4.1　结构方程模型的拟合检验

根据结构方程模型的拟合检验指标，卡方自由度比值的合适范围为 1 ~ 3。低于 0.08 的近似误差均方根（root mean square error of approximation，RMSEA）的值表示模型拟合度高。高于 0.9 的拟合优度指数（GFI）通常被认为是最佳的，而高于 0.8 的值被认为是可接受的。最佳非范拟合指数（TLI）应该超过 0.9，而比较拟合指数（CFI）也应该超过 0.9。模型的主要运行结果如图 5.5 所示。

模型的各项拟合指数见表 5.19。$x^2/df = 1.941$，小于 3，大于 1。GFI = 0.927，AGFI = 0.908，IFI = 0.978，TLI = 0.975，CFI = 0.978，都大于 0.9，RMSEA = 0.046 < 0.08。由于表 5.19 中的各项拟合指数都满足拟合标准的理想值范围，所以模型通过验证，可以进一步检验模型的具体路径。

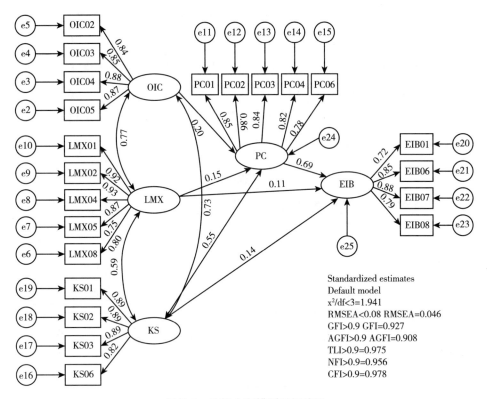

图 5.5　结构方程模型运行结果

表 5.19　　　　　　　　　结构方程模型的拟合指数

指标	x^2/df	GFI	AGFI	IFI	TLI	CFI	RMSEA
检测值	1.941	0.927	0.908	0.978	0.975	0.978	0.046
理想值	$3 > x^2/df > 1$	>0.9	>0.9	>0.9	>0.9	>0.9	<0.08
是否符合标准	Yes	Yes	Yes	Yes	Yes	Yes	Yes

资料来源：笔者根据 AMOS26.0 软件运行结果整理。

5.4.2　结构方程模型路径检验

在这项工作中，结构方程模型的路径检验、路径系数值和 C. R. 值都是使用 AMOS26.0 计算的。变量之间的相关性体现在路径系数上。回归系数的显著性可以使用临界比率（C. R. ）来确定。根据温忠麟（2005）的观点，在 P 小于 0.05 水平，C. R. 值大于 1.96 时通常被认为是显著性的标准。本书中结构方程模型路径系数的检验结果见表 5.20。6 个变量之间的 7 个关系假设中，6 个假设路径通过检验，组织创新氛围对员工创新行为的作用路径未通过检验。

表 5.20   结构方程模型路径系数检验

路径			路径系数	S. E.	C. R.	P	检验结果
PC	←	LMX	0.139	0.053	2.649	0.008	通过
PC	←	KS	0.583	0.061	9.597	***	通过
PC	←	OIC	0.200	0.069	2.921	0.003	通过
EIB	←	OIC	–	–	–	–	未通过
EIB	←	PC	0.650	0.065	10.028	***	通过
EIB	←	LMX	0.095	0.037	2.589	0.010	通过
EIB	←	KS	0.136	0.056	2.427	0.015	通过

注：*** 表示 P < 0.001。
资料来源：笔者根据 AMOS26.0 软件运行结果整理。

（1）领导—成员交换与心理资本的假设关系验证。

在 P < 0.05 的显著性水平下，C. R. 值为 2.649，领导—成员交换（LMX）与心理资本（PC）之间的路径系数为 0.139，证明领导—成员交换正向作用于心理资本的假设通过验证。

（2）知识分享与心理资本的假设关系验证。

C. R. 值为 9.597，显著性 P < 0.05，知识分享对心理资本作用的路径系数为 0.583，证明知识分享对心理资本有正向影响的假设成立，通过验证。

（3）组织创新氛围与心理资本的假设关系验证。

C. R. 值为 2.921，显著性 P < 0.05，组织创新氛围对心理资本的路径系数为 0.200，证明组织创新氛围对心理资本正向作用的假设成立，通过验证。

（4）心理资本与员工创新行为的假设关系验证。

$P < 0.05$ 的显著性水平下，C. R. $= 10.028$，心理资本对员工创新行为的路径系数为 0.650，证明心理资本积极影响员工创新行为的假设关系通过验证。

（5）领导—成员交换与员工创新行为的假设关系验证。

$P < 0.05$ 的显著性水平下，C. R. $= 2.589$，领导—成员交换对员工创新行为的路径系数为 0.095，领导—成员交换正向影响员工创新行为的假设关系通过验证。

（6）知识分享与员工创新行为的假设关系验证。

C. R. $= 2.427$，显著性 $P < 0.05$，知识分享对员工创新行为的路径系数为 0.136，知识分享对员工创新行为的正向作用假设通过验证。

5.5　中介效应假设检验

各变量的内在相关性可以由中介变量说明，X 对 Y 的直接效应为 C，X 通过 A 和 B 路径作用于 Y，如果模型中 A 和 B 的路径具有统计显著性，且直接效应 c'接近于 0，则表示 X 和 Y 之间存在中介效应。为了确定潜在变量之间的关系是否显著，我们查看了下限和上限的置信区间以及双尾显著性。H0：ab $= 0$ 是直接测试的假设。如果从测试结果得出的置信区间包含 0，则说明没有中介效应。如果置信区间内不包含 0，并且显著性 P 小于 0.05，则 X 和 Y 之间存在中介效应。

表 5.21 展示了路径分析结果，模型中存在三个显著的中介效应，并且 Z 值的绝对值（数据点与平均值之间距离的标准化数值）都大于 2，显著性 $P < 0.05$，百分位和偏差校正的 95% 置信区间的下限至上限之间不包含 0，说明三个中介效应都通过检验。

表5.21   中介效应检验

关系	点估计值	系数乘积		Bootstrapping				
				Percentile 95%		Bias-corrected 95%		
		SE	Z	下限	上限	下限	上限	P
间接效应								
KS – PC – EIB	0.379	0.066	5.742	0.259	0.516	0.268	0.526	0.000
LMX – PC – EIB	0.091	0.045	2.022	0.007	0.183	0.008	0.184	0.032
OIC – PC – EIB	0.130	0.066	2.970	0.008	0.268	0.004	0.261	0.036
直接效应								
KS – EIB	0.136	0.056	2.429	0.012	0.282	0.006	0.288	0.015
LMX – EIB	0.095	0.037	2.111	0.008	0.188	0.013	0.192	0.010
OIC – EIB	0.000	0.000	0.000	0.000	0.000	0.000	0.000	0.000
总效应								
KS – EIB	0.515	0.069	7.464	0.383	0.650	0.392	0.661	0.000
LMX – EIB	0.186	0.057	3.263	0.077	0.306	0.082	0.312	0.001
OIC – EIB	0.130	0.066	1.970	0.008	0.268	0.004	0.261	0.036

资料来源：笔者根据 Bootstrap 方法分析结果整理。

（1）知识分享→心理资本→员工创新行为路径显著，心理资本的中介效应通过检验。知识分享→心理资本→员工创新行为的路径系数为0.379（P=0.000），百分位（Percentile）的95%置信区间为 [0.259, 0.516]，偏差校正（Bias-corrected）的95%置信区间为 [0.268, 0.526]，不包含0，显著性 P<0.05，Z值等于5.742大于2，说明心理资本的中介效应显著，这一假设通过检验。

知识分享对员工创新行为的直接效应为0.136，间接效应为0.379，总效应为0.515。直接效应小于间接效应，说明知识分享主要通过心理资本的中介作用对员工创新行为产生影响。

（2）领导—成员交换→心理资本→员工创新行为路径显著，心理资本的中介效应通过检验。领导—成员交换→心理资本→员工创新行为的路径系数为 0.091 （P = 0.032），百分位数法的 95% 置信区间对应于 ［0.007，0.183］，不包括 0。而偏差校正百分位数法的 95% 置信区间对应于 ［0.008，0.184］，也不包括 0。显著性 P < 0.05，Z 值等于 2.022 大于 2，该假设通过验证。

领导—成员交换对员工创新行为的直接效应为 0.095，间接效应为 0.091，总效应为 0.186。直接效应与间接效应相差很小，说明领导—成员交换直接作用于员工创新行为的效应与通过心理资本的中介作用对员工创新行为产生的影响基本相当。

（3）组织创新氛围→心理资本→员工创新行为路径显著，心理资本的中介效应通过检验。组织创新氛围→心理资本→员工创新行为的路径系数为 0.130 （P = 0.036），百分位法的 95% 置信区间对应于 ［0.008，0.268］，偏倚校正百分位法的 95% 置信区间对应于 ［0.004，0.261］，都不包括 0。P 值小于 0.05，Z 值等于 2.970 大于 2。这一假设得到了证据的支持，表明心理资本在员工创新行为和组织创新氛围之间起着重要的中介作用。

组织创新氛围对员工创新行为的直接效应为 0，间接效应为 0.130，总效应为 0.130。这说明组织创新氛围对员工创新行为没有直接作用，只通过心理资本的完全中介作用对员工创新行为产生影响。

5.6　调节效应假设检验

在以心理资本为中介变量，员工创新行为为因变量，组织创新氛围、领导—成员交换和知识分享为自变量的关系模型中，假设工作投入对模型中的每条路径都具有正向调节作用。

本书采用层次分析法进行调节效应检验，分别建立了 3 个多元回归模型，来分析控制变量（教育背景和职位等级）、自变量、调节变量（工作投入）、交互项与因变量（员工创新行为）之间的回归关系，以检验工作投入的调节效应是否存在。如果交互项的回归系数显著（P 值小于 0.05），模型 3 中调整后的 R^2 值明显高于模型 2 中调整后的 R^2 值，则说明调节效应存在。

5.6.1 组织创新氛围→心理资本路径中，工作投入的调节效应检验

我们检验了工作投入对组织创新氛围与心理资本的路径关系的调节作用，表 5.22 展示了检验结果。模型 1 创建了一个多元回归模型，其中心理资本是因变量，教育背景和职位级别是自变量。模型 2 在模型 1 的基础上，将工作投入和组织创新氛围也加入自变量，其他不变。模型 3 同样创建一个多元回归模型，将心理资本作为因变量，教育背景、职位级别、工作投入、组织创新氛围和工作投入×组织创新氛围作为自变量。

表 5.22　工作投入对组织创新氛围→心理资本路径的调节效应检验

模型	模型 1	模型 2	模型 3
控制变量			
教育背景	-0.097*	-0.001	0.008
职位等级	0.193***	0.062*	0.058*
自变量			
组织创新氛围（OIC）		0.468***	0.486***
调节变量			
工作投入（WE）		0.256***	0.314***
交互作用			
OIC×WE			0.183**
R^2	0.041	0.429	0.576
调整后的 R^2	0.036	0.403	0.524
F	9.402***	32.147***	28.253**

注：*表示 $P<0.05$，**表示 $P<0.01$，***表示 $P<0.001$。
资料来源：笔者根据 SPSS26.0 软件运行结果整理。

　　模型 1 中的控制变量，教育背景（β = − 0.097，P < 0.05）和职位等级（β = 0.193，P < 0.001）都具有显著的回归系数。结果表明，职位等级、教育背景与心理资本间存在显著关系。模型 2 显示控制变量与心理资本之间存在显著的关系（β = 0.062，P < 0.05）；组织创新氛围（β = 0.468，P < 0.001）和工作投入（β = 0.256，P < 0.001）也显著影响心理资本。在模型 3 中，控制变量对心理资本有显著影响（β = 0.058，P < 0.05）；组织创新氛围（β = 0.486，P < 0.001）和工作投入（β = 0.314，P < 0.001）也显著影响心理资本；工作投入与组织创新氛围的交互项（OIC × WE）的回归系数为 β = 0.183（P < 0.001），表明交互项对心理资本有显著影响。模型 3 调整后的 R^2 值为 0.524，高于模型 2 调整后的 R^2 值 0.403。这表明该模型的整体解释力得到了提高。因此，H8 成立，调节变量工作投入显著正向调节组织创新氛围对心理资本的作用路径。

　　如图 5.6 所示，工作投入度较高时的图形斜率比工作投入度较低时的图形斜率要大，说明在工作投入较多时，组织创新氛围与心理资本的路径关系效应会增加；而工作投入较少时，组织创新氛围与心理资本的路径关系效应会减弱。这证明在组织创新氛围对员工创新行为的作用路径中，工作投入的正向调节效应得到检验。

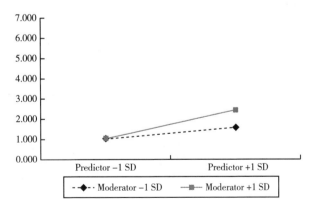

图 5.6　工作投入对组织创新氛围作用于心理资本的路径的调节效应

　　注：Predictor SD 表示预测变量（组织创新氛围）标准化的值，Moderator SD 表示调节变量（工作投入）标准化的值。

5.6.2 领导—成员交换→心理资本路径中，工作投入的调节效应检验

我们检验了工作投入对领导—成员交换和心理资本的路径关系的调节作用，表5.23展示了检验结果。模型1构建了一个多元回归模型，其中，心理资本是因变量，教育背景和职位等级是自变量。模型2也创建一个多元回归模型，将心理资本作为因变量，教育背景、职位等级、工作投入和领导—成员交换作为自变量。模型3同样建立多元回归模型，其中，因变量是心理资本，自变量是教育背景、职位级别、工作投入、领导—成员交换和工作投入×领导—成员交换。

表5.23　　工作投入对领导—成员交换→心理资本路径的调节效应检验

模型	模型1	模型2	模型3
控制变量			
教育背景	-0.097*	0.049	0.052
职位等级	0.193***	0.042	0.041
自变量			
领导—成员交换（LMX）		0.386***	0.456***
调节变量			
工作投入（WE）		0.116***	0.124***
交互项			
LMX×WE			0.216**
R^2	0.041	0.346	0.416
调整后的R^2	0.036	0.342	0.413
F	9.402***	31.904***	26.351***

注：* 表示$P<0.05$，** 表示$P<0.01$，*** 表示$P<0.001$。
资料来源：笔者根据SPSS26.0软件运行结果整理。

模型1中的控制变量，教育背景（$\beta=-0.097$，$P<0.05$）和职位等级（$\beta=0.193$，$P<0.001$）都具有显著的回归系数，表明职位级别与教育背景都对心理资本具有显著影响。在模型2中，领导—成员交换（$\beta=$

0.386，P<0.001）和工作投入（β=0.116，P<0.001）对心理资本也有显著影响。模型3中工作投入（β=0.124，P<0.001）和领导—成员交换（β=0.456，P<0.001）都显著影响心理资本。工作投入与领导—成员交换的交互项（LMX×WE）的回归系数为 β=0.216（P<0.001），表明交互项显著影响心理资本。模型3调整后的 R^2 值为0.413，高于模型2调整后的 R^2 值0.342，说明模型3的整体解释力得到了提高。因此，H10通过检验，调节变量工作投入显著正向调节领导—成员交换对心理资本的影响作用。

如图5.7所示，两条线段的斜率分别表示调节变量在较低水平和较高水平时预测变量对因变量（心理资本）的影响作用，斜率越大，表示影响越大。当工作投入在较高水平时，领导—成员交换对心理资本的作用曲线斜率增大；当工作投入度在较低水平时，领导—成员交换对心理资本的作用曲线斜率减小。这说明在领导—成员交换对心理资本的作用路径中，工作投入的正向调节效应得以验证。

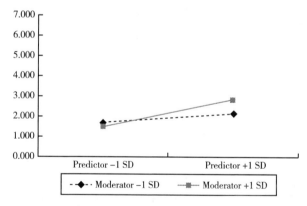

图5.7 工作投入对领导—成员交换作用于心理资本路径的调节效应

注：Predictor SD 表示预测变量（领导—成员交换）标准化的值，Moderator SD 表示调节变量（工作投入）标准化的值。

5.6.3 领导—成员交换→员工创新行为的路径中，工作投入的调节效应检验

我们检验了工作投入对领导—成员交换→员工创新行为路径的调节作

用，表 5.24 表明了检验结果。模型 1 与上一个验证模型 1 完全相同，仍把教育背景和职位等级作为自变量，员工创新行为作为因变量。模型 2 以员工的创新行为作为因变量，教育背景、职位等级、工作投入和领导—成员交换作为自变量，建立了一个多元回归模型。模型 3 以员工的创新行为为因变量，以教育背景、职位级别、工作投入、领导—成员交换和工作投入 × 领导—成员交换为自变量，建立多元回归模型。

表 5.24　　工作投入对领导—成员交换→员工创新行为路径的调节效应检验

模型	模型 1	模型 2	模型 3
控制变量			
教育背景	− 0.102 *	0.035	0.029
职位等级	0.158 **	0.017	0.018
自变量			
领导—成员交换（LMX）		0.215 ***	0.325 ***
调节变量			
工作投入（WE）		0.046 ***	0.075 ***
交互项			
LMX × WE			0.127 ***
R^2	0.031	0.324	0.386
调整后的 R^2	0.026	0.317	0.381
F	6.984 **	18.154 ***	19.432 ***

注：* 表示 P < 0.05，** 表示 P < 0.01，*** 表示 P < 0.001。
资料来源：笔者根据 SPSS26.0 软件运行结果整理。

模型 1 中的控制变量教育背景（β = − 0.102，P < 0.05）和职位等级（β = 0.158，P < 0.01）具有显著的回归系数，说明员工的创新行为受到其职位等级和教育背景的显著影响。在模型 2 中，领导—成员交换（β = 0.215，P < 0.001）和工作投入（β = 0.046，P < 0.001）显著影响员工的创新行为。模型 3 中工作投入（β = 0.075，P < 0.001）和领导—成员交换（β = 0.325，P < 0.001）都显著影响员工的创新行为。工作投入与领导—成员交换之间交互项（LMX × WE）的回归系数为 β = 0.127（P < 0.001），表明交互项显著影响员工的创新行为。模型 3 调整后的 R^2 值为 0.381，高

于模型2调整后的 R^2 值0.317，表明模型的整体解释力有所提高。因此，H11得到了验证，证明工作投入显著正向调节领导—成员交换对员工创新行为的影响。

如图5.8所示，当工作投入处于较高水平时，领导—成员交换对员工创新行为的作用强度增加；当工作投入处于较低水平时，领导—成员交换对员工创新行为的作用强度减弱。这证明在领导—成员交换对员工创新行为的作用路径中，工作投入的调节效应通过检验。

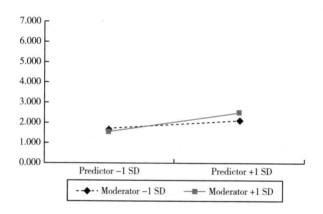

图5.8 工作投入对领导—成员交换作用于员工创新行为路径的调节效应

注：Predictor SD 表示预测变量（领导—成员交换）标准化的值，Moderator SD 表示调节变量（工作投入）标准化的值。

5.6.4 知识分享→心理资本的路径中，工作投入的调节效应检验

我们检验了工作投入对知识分享→心理资本路径的调节作用，表5.25展示了检验结果。模型1创建了一个多元回归模型，其中，心理资本是因变量，教育背景和职位等级是自变量。模型2也创建了一个多元回归模型，心理资本是因变量，教育背景、职位等级、工作投入和知识分享是自变量。模型3以心理资本为因变量，教育背景、职位级别、工作投入、知识分享和工作投入×知识分享为自变量，建立多元回归模型。

表 5.25　　　　工作投入对知识分享→心理资本路径的调节效应检验

模型	模型 1	模型 2	模型 3
控制变量			
教育背景	− 0.097 *	− 0.001	0.008
职位等级	0.193 ***	0.062 *	0.058 *
自变量			
知识分享（KS）		0.379 ***	0.417 ***
调节变量			
工作投入（WE）		0.133 ***	0.153 ***
交互项			
KS × WE			0.193 **
R^2	0.041	0.252	0.368
调整后的 R^2	0.036	0.243	0.341
F	9.402 ***	25.321 ***	27.147 ***

注：* 表示 $P < 0.05$，** 表示 $P < 0.01$，*** 表示 $P < 0.001$。
资料来源：笔者根据 SPSS26.0 软件运行结果整理。

　　模型 1 中的控制变量，教育背景（$\beta = -0.097$，$P < 0.05$）和职位等级（$\beta = 0.193$，$P < 0.001$）具有显著的回归系数，表明心理资本受到职位等级、教育背景的显著影响。在模型 2 中，心理资本与控制变量职位等级显著相关（$\beta = 0.062$，$P < 0.05$）；同时，心理资本与自变量知识分享（$\beta = 0.379$，$P < 0.001$）和工作投入（$\beta = 0.133$，$P < 0.001$）之间存在显著相关。在模型 3 中，控制变量职位等级（$\beta = 0.058$，$P < 0.05$）对心理资本有显著影响，教育背景对心理资本的作用未通过检验。知识分享（$\beta = 0.417$，$P < 0.001$）和工作投入（$\beta = 0.153$，$P < 0.001$）也对心理资本有显著影响。工作投入 × 知识分享交互项（KS × WE）的回归系数为 $\beta = 0.193$（$P < 0.001$），表明交互项对心理资本有显著影响。模型 3 调整后的 R^2 值为 0.341，高于模型 2 调整后的 R^2 值 0.243。这表明该模型的整体解释力得到了提高。因此，H12 成立，工作投入显著正向调节知识分享对心理资本的影响作用。

　　如图 5.9 所示，当工作投入度较高时，图形斜率较大，说明知识分享对心理资本的作用增强；当工作投入度较低时，图形斜率较小，知识分享对心理资本的作用较弱。这说明在知识分享对心理资本的作用路径中，工作投入的调节效应通过检验。

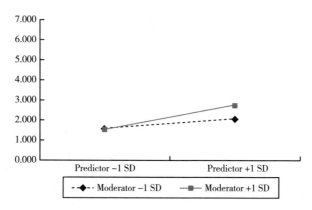

图 5.9　工作投入对知识分享作用于心理资本的路径调节效应

注：Predictor SD 表示预测变量（知识分享）标准化的值，Moderator SD 表示调节变量（工作投入）标准化的值。

5.6.5　知识分享→员工创新行为的路径中，工作投入的调节效应检验

我们检验了工作投入在知识分享对员工创新行为作用路径中的调节效应，表 5.26 展示了检验结果。模型 1 仍以教育背景和职位等级为自变量，员工创新行为作为因变量。模型 2 以教育背景、职位等级、工作投入和知识分享为自变量，员工创新行为作为因变量。模型 3 以员工的创新行为为因变量，以教育背景、职位等级、工作投入、知识分享和工作投入×知识分享为自变量，建立多元回归模型。

表 5.26　工作投入对知识分享→员工创新行为路径的调节效应检验

模型	模型 1	模型 2	模型 3
控制变量			
教育背景	-0.102^{*}	-0.012	-0.014

模型	模型 1	模型 2	模型 3
职位等级	0.158 **	0.036	0.036
自变量			
知识分享（KS）		0.342 ***	0.351 ***
调节变量			
工作投入（WE）		0.128 ***	0.149 ***
交互项			
KS × WE			0.156 ***
R^2	0.031	0.341	0.394
调整后的 R^2	0.026	0.336	0.388
F	6.984 **	21.353 ***	20.387 ***

注：* 表示 $P < 0.05$，** 表示 $P < 0.01$，*** 表示 $P < 0.001$。

资料来源：笔者根据 SPSS26.0 软件运行结果整理。

模型 1 中的控制变量，教育背景（$\beta = -0.102$，$P < 0.05$）和职位等级（$\beta = 0.158$，$P < 0.01$）具有显著的回归系数。模型 2 中的自变量知识分享（$\beta = 0.342$，$P < 0.001$）和工作投入（$\beta = 0.128$，$P < 0.001$）对员工创新行为有显著影响。模型 3 表明，知识分享这一自变量对员工的创新行为有显著影响（$\beta = 0.351$，$P < 0.001$），工作投入对员工创新行为也有显著影响（$\beta = 0.149$，$P < 0.001$）。知识分享与工作投入的交互项（KS × WE）的回归系数为 $\beta = 0.156$（$P < 0.001$），表明交互项对员工的创新行为有显著影响。模型 3 调整后的 R^2 值为 0.388，高于模型 2 调整后的 R^2 值 0.336，表明模型的整体解释能力有所提高。因此，H13 通过了验证，证明工作投入显著正向调节知识分享对员工创新行为的影响。

如图 5.10 所示，当工作投入程度较高时，图形的斜率较大，知识分享对员工创新行为的影响增强；当工作投入程度较低时，图形的斜率较小，知识分享对员工创新行为的影响减弱。这说明知识分享对员工创新行为的作用路径受到工作投入的正向调节。

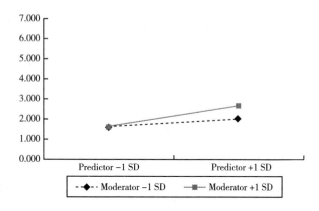

图 5.10　工作投入对知识分享作用于员工创新行为路径的调节效应

注：Predictor SD 表示预测变量（知识分享）标准化的值，Moderator SD 表示调节变量（工作投入）标准化的值。

5.6.6　心理资本→员工创新行为的路径中，工作投入的调节效应检验

我们检验了工作投入对心理资本→员工创新行为路径的调节作用，表 5.27 展示了检验结果。模型 1 是把教育背景和职位等级设为自变量，把员工创新行为设为因变量的多元回归模型。模型 2 把教育背景、职位等级、工作投入和心理资本设为自变量，员工创新行为设为因变量。模型 3 同样建立一个多元回归模型，其中，因变量是员工创新行为，自变量是员工的教育背景、职位等级、工作投入、心理资本和工作投入×心理资本。

表 5.27　工作投入对心理资本→员工创新行为路径的调节效应检验

模型	模型 1	模型 2	模型 3
控制变量			
教育背景	− 0.102 *	0.001	0.005

续表

模型	模型 1	模型 2	模型 3
职位等级	0.158 **	0.007	0.004
自变量			
心理资本（PC）		0.410 ***	0.507 ***
调节变量			
工作投入（WE）		0.046 ***	0.082 ***
交互项			
PC × WE			0.154 ***
R^2	0.031	0.261	0.276
调整后的 R^2	0.022	0.245	0.263
F	3.500 **	21.243 ***	20.523 ***

注：＊表示 $P < 0.05$，＊＊表示 $P < 0.01$，＊＊＊表示 $P < 0.001$。
资料来源：笔者根据 SPSS26.0 软件运行结果整理。

模型 1 中的控制变量，教育背景（β = -0.102，$P < 0.05$）和职位等级（β = 0.158，$P < 0.01$）都具有显著的回归系数。在模型 2 中，心理资本（β = 0.410，$P < 0.001$）和工作投入（β = 0.046，$P < 0.001$）显著影响员工的创新行为。模型 3 中的工作投入（β = 0.082，$P < 0.001$）和心理资本（β = 0.507，$P < 0.001$）都显著影响员工的创新行为。工作投入与心理资本的交互项（PC × WE）的回归系数为 β = 0.154（$P < 0.001$），表明交互项显著影响员工的创新行为。模型 3 调整后的 R^2 值高于模型 2 调整后的 R^2 值，提高了模型的整体解释力。这表明，心理资本对员工创新行为的作用路径被工作投入正向调节，H14 通过检验。

如图 5.11 所示，当工作投入度高时，图形斜率增大，这种关系会增强；而当工作投入度低时，图形斜率减小，这种关系会减弱。这说明在心理资本对员工创新行为的作用路径中，工作投入的调节效应得到了检验。

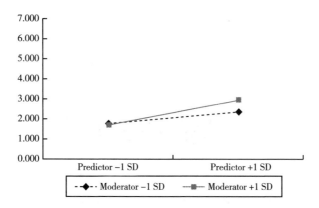

图 5.11　工作投入对心理资本和员工创新行为的调节效应

注：Predictor SD 表示预测变量（心理资本）标准化的值，Moderator SD 表示调节变量（工作投入）标准化的值。

第 6 章

结论和建议

6.1 研究结果与结论

6.1.1 假设检验结果

本书以组织创新氛围、领导—成员交换和知识分享为前因变量，以员工心理资本为中介变量，对影响员工创新行为的因素进行了探索性的比较分析，并检验了工作投入对假设模型各路径的调节作用。首先使用 SPSS26.0 软件对样本数据进行描述性统计、信度分析、KMO 及探索性因子分析，其次使用 AMOS26.0 进行验证性因子分析和假设模型检验，接着采用 Bootstrap 自助分析方法验证了心理资本的中介效应，最后采用层次分析法验证了工作投入的调节效应。

由表 6.1 可以看出，14 个研究假设中除 H2 和 H9 未通过检验外，12 个研究假设全部被验证，说明框架模型的设计基本合理，变量间的路径假设符合实际规律，预期研究目标基本实现。组织创新氛围、领导—成员交换、员工的知识分享和心理资本都对员工的创新行为有积极影响，但具体作用路径有所不同。H2 假设路径组织创新氛围正向显著作用于员工的创新行为未通过检验，证明组织创新氛围不直接影响员工的创新行为。由于 H2 路径未通过检验，所以针对 H2 路径的调节作用也未通过检验。但组织创新氛围通过心理资本的中介作用影响员工的创新行为通过验证。这一结果说明，组织创新氛围对员工创新行为的作用是间接的，作用机制比较复杂，要通过改善组织创新氛围来激励员工的创新行为，可能要综合考虑多个因素的作用结果。

表6.1 研究假设检验结果

研究假设	结果
H1：组织创新氛围正向显著作用于员工的心理资本	支持
H2：组织创新氛围正向显著作用于员工的创新行为	不支持
H3：领导—成员交换正向显著作用于员工的心理资本	支持
H4：领导—成员交换正向显著作用于员工的创新行为	支持
H5：员工的知识分享正向显著作用于员工的心理资本	支持
H6：员工的知识分享正向显著作用于员工的创新行为	支持
H7：员工的心理资本正向显著作用于员工的创新行为	支持
H8：员工的工作投入在组织创新氛围对心理资本作用中起正向调节作用	支持
H9：员工的工作投入在组织创新氛围对员工创新行为作用中起正向调节作用	不支持
H10：员工的工作投入在领导—成员交换对心理资本作用中起正向调节作用	支持
H11：员工的工作投入在领导—成员交换对员工创新行为作用中起正向调节作用	支持
H12：员工的工作投入在知识分享对心理资本作用中起正向调节作用	支持
H13：员工的工作投入在知识分享对员工创新行为作用中起正向调节作用	支持
H14：员工的工作投入在心理资本对员工创新行为作用中起正向调节作用	支持

资料来源：笔者根据相关软件运行结果整理。

6.1.2 研究结果模型

根据第5章实证分析与假设检验结果，本书对最初的研究框架模型进行了修正，形成了最终的结果模型，各组成部分对员工创新行为的影响路径和关联度如图6.1所示。实线表示作用路径显著，虚线表示原假设路径不显著，没有通过检验。由图6.1可知，只有H2和H9路径为虚线，未通过检验；其他各路径均为实线，路径作用显著。

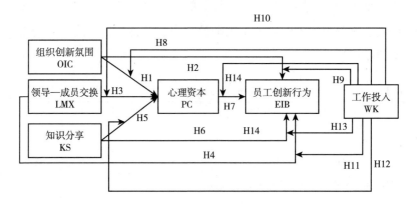

图 6.1　研究结果模型

从图 6.1 中，我们可以看到变量之间存在以下四种重要关系。

（1）组织创新氛围通过心理资本的完全中介效应影响员工创新行为。

（2）员工创新行为的影响因素中心理资本的作用最大，而且心理资本是整个框架模型的核心。

（3）领导—成员交换和知识分享都通过心理资本的部分中介效应影响员工创新行为。

（4）工作投入正向调节了 H1～H7 中除 H2 外所有的假设路径。工作投入正向调节了组织创新氛围对心理资本的作用路径、领导—成员交换对心理资本及员工创新行为的作用路径、知识分享对心理资本及员工创新行为的作用路径、心理资本对员工创新行为的作用路径。

6.1.3　研究结论

6.1.3.1　组织创新氛围正向影响员工创新行为，心理资本起完全中介作用

根据已证实的结构方程模型和中介效应检验的结果，组织创新氛围显著正向影响了心理资本，相关研究假设得到验证。但组织创新氛围对员工创新行为的直接作用路径关系未通过检验，说明组织的创新氛围不能直接

影响员工的创造性行为，只能通过心理资本的完全中介作用于员工创新行为。同时，从影响系数来看，组织创新氛围在三个自变量中，对员工创新行为的作用最弱。

6.1.3.2 领导—成员交换正向影响员工创新行为，心理资本起部分中介作用

中介效应检验和结构方程模型检验结果证实了领导—成员交换显著正向影响了心理资本和员工的创新行为，心理资本具有部分中介效应，相关研究假设得到验证。此外，它对员工创新行为的效应系数高于组织创新氛围对员工创新行为的效应系数，说明它对员工创新行为的总体影响比组织创新氛围更大。

6.1.3.3 知识分享正向影响员工创新行为，心理资本起部分中介作用

中介效应检验和结构方程模型检验结果证实了知识分享显著正向影响了心理资本和员工的创新行为，心理资本起部分中介作用，研究假设得到验证。另外，可以看出，知识分享对员工创新行为的直接效应小于间接效应，也说明了通过知识分享来激发员工创新，主要还是通过影响其心理资本的提升来实现的。同时，在三个自变量中，知识分享对员工创新行为的效应大于组织创新氛围和领导—成员交换。

6.1.3.4 工作投入的正向调节作用

通过层次分析法进行调节效应验证，工作投入在组织创新氛围对心理资本的影响路径、领导—成员交换对心理资本的影响路径、领导—成员交换对员工创新行为的影响路径、知识分享对心理资本的影响路径、心理资本对员工创新行为的影响路径、知识分享对员工创新行为的影响路径中都发挥了正向调节作用。

6.2 结果讨论

本书首先通过梳理和综述现有文献的主要观点，并在初步研究的基础上调整每个变量的测量项目来制定初始问卷；其次采取深度访谈、预调研等方法对初始问卷进行修订后形成正式问卷；再次通过在线调研获取数据信息；最后对变量之间的关系进行了实证分析与假设检验，得出研究结果。本书检验了知识分享、领导—成员交换和组织创新氛围对员工创新行为的直接影响，并验证了心理资本在这3个变量与员工创新行为之间的关系中所起的中介作用，最后检验了工作投入如何调节每条作用路径。

6.2.1 心理资本对员工创新行为的作用路径讨论

本书研究发现，心理资本对员工的创新行为有着显著的积极影响，这与杜鹏程（2015）、李凤莲（2017）、高伟明（2017）、顾江洪（2018）、赵娅（2020）、单红梅（2022）、杨晓（2024）等的研究结论一致。心理资本是员工个体所拥有的一种积极的心理特征，对员工创新行为起着重要作用。在员工为了实现工作目标而努力的过程中，能够帮助员工不忘初心，克服一切困难，向着目标奋斗。

但是，在心理资本对员工创新行为作用的具体路径上，结论并不完全一致。本书认为，心理资本在知识分享、组织创新氛围和领导—成员交换对员工创新行为的作用中起中介作用。这与韩翼和杨百寅（2011）、仲理峰（2013）、梁阜和李树文（2016）、赵娅（2020）、单红梅（2022）、杨晓（2024）等的研究结论相一致。但也有学者得出了不同的研究结论，员工的心理资本与组织环境交互作用最终影响员工的创新行为和绩效（吴庆松等，2011）。领导者的心理资本在培养员工的心理资本和提高工作绩效方面起着重要作用（任皓等，2013）。心理资本通过心理安全的完全中介对员工创新行为产生影响（王雁飞等，2017）。心理资本通过知识分享的部分中介影响员工创新行为（李凤莲，2017）。

可以看出，研究的理论依据不同、研究假设不同、研究对象不同、研究方法不同，都可能得出不同的研究结论。但是，学者们都肯定了心理资本对员工创新行为的积极作用，并把心理资本看作影响员工创新行为的重要因素之一。在这一点上，本书与大多数学者们的观点完全一致。

6.2.2 知识分享对员工创新行为的作用路径讨论

根据已验证的结构方程模型和中介效应检验结果，知识分享对心理资本和员工创新行为都有直接显著的正向影响。同时知识分享对员工创新行为具有间接作用，心理资本在此路径中起部分中介效应也通过了验证。

本书证实了知识分享对员工创新行为的影响，知识分享可以促进员工创新行为和组织创新绩效。这与安布雷克特等（Armbrecht et al.，2001）、陈劲（2012）、佩曼（2015）、罗查克等（Razak et al.，2016）、张洁和廖猋武（2020）、周浩（2024）等的研究结论一致。知识分享是员工在组织内的一种公民行为，通过与其他员工分享和交流知识与信息，激发新的思想和价值，改善沟通氛围，提高组织学习能力，提升员工的创新能力与创造力。

但是，在知识分享对员工创新行为的具体作用路径上，结论并不完全一致。本书认为，知识分享是前因变量，心理资本是中介变量。知识分享通过心理资本的部分中介效应影响员工创新行为。这与吴和李（Wu & Lee，2017）、郭彤梅（2019）、游雨诗（2023）的结论相一致。员工通过在组织内的知识分享行为，促进内部员工的沟通与交流，增强信任与合作，培养良好的创新氛围，提升员工的心理资本水平，最终激发更多的创新行为。

而部分学者的结论恰好相反，认为心理资本是前因变量，而知识分享起中介作用。员工的心理资本水平会影响其知识分享意愿与行为，心理资本通过知识分享的中介作用而影响员工创新行为（Peyman et al.，2015；张振刚等，2015；徐劲松等，2018；晁罡等，2021；唐源，2021）。

本研究的结论拓展了员工创新行为的研究范畴。心理资本作为知识分享和员工创新行为之间的中介起着重要作用。因此，一方面，为了营造组织内分享知识的氛围，企业应注重培养员工乐于与他人分享知识和经验的意愿与能力。培养员工的团队意识与协作技能，提升员工的语言和文字表达能力。另一方面，企业还应注重为员工提供系统、高质量的教育和培训，培养他们积极健康的心理资本，并持续地鼓励和支持他们的创新行为。

6.2.3 组织创新氛围对员工创新行为的作用路径讨论

根据经过验证的结构方程模型和中介效应检验的结果，员工的创新行为受到组织创新氛围的正向影响，这与研究假设一致。此外，模型检验未能证明组织创新氛围对员工创新行为的直接影响，表明心理资本在组织创新氛围和员工创新行为之间起完全中介作用，而组织创新氛围不对员工创新行为产生直接影响。

培训开发、工作主动性、民主管理等良好的组织环境和组织氛围等有利于员工创新（Woodman & Sawyer，1993；顾远东等，2010；连欣等，2013；胡晓辉等，2020；苏屹等，2020；贾建锋等，2022）。组织创新氛围通过心理资本的中介作用对员工创新行为产生影响。这一结论验证了之前斯科特和布鲁斯（1994）、奥尔德姆（1996）、甄美荣（2015）、王雁飞（2017）、刘明霞（2021）、单红梅（2022）等学者的研究结论。

但也有部分学者得出不同的结论。如李静芝和李永周（2022）得出组织创新氛围的三个维度中，资源供应和团队合作两个维度显著正向影响员工的创新行为，而领导效能维度对创新行为无明显作用。叶许红等（2006）构建组织创新氛围四方格模型来分析其对创新行为的影响，认为不同类型的创新氛围对创新行为的影响不同。组织创新氛围会影响员工的态度和动机，进而影响员工行为（周健明，2021）。

组织内部的创新氛围会提升员工的心理资本水平，使其产生更积极更主动的创新动机，进而产生创新行为。组织氛围影响一个人的行为意向，如果员工在一个欢迎和培养创造力的公平、支持性的环境中工作，他们更有可能积极创新。同时，本书得出了创新氛围仅间接影响创新行为的结论，丰富了组织氛围与创新之间关系的研究成果，为进一步探讨组织氛围如何作用于员工创新行为提供了新的研究思路。

6.2.4　领导—成员交换对员工创新行为的作用路径讨论

经过验证的结构方程模型和中介效应检验结果表明，领导—成员交换对心理资本和员工创新行为有显著的正向影响。心理资本在领导—成员交换对员工创新行为作用中的部分中介效应也通过了假设检验。

孙锐（2009）、阿特瓦特与卡尔梅利（Atwater & Carmeli，2009）、彭正龙（2011）、姜诗尧（2019）、潘亮（2020）、乔开文（2023）、杨晓（2024）等的研究结果也验证了领导—成员交换对员工创新行为的正向影响这一结论。即当领导与下属员工之间形成密切的交流关系时，员工能感受到领导对创新活动的重视和支持，从而积极参与组织创新。但是，大部分学者没有探讨心理资本在领导—成员交换与员工创新行为之间的作用，没有充分认识内因和外因的辩证关系，忽略了员工心理资本对创新行为的巨大影响。

而且，部分学者的研究结论不同。例如，领导—成员交换与员工创新行为之间没有显著关系（韩翼和杨百寅，2011）；领导—成员交换对员工创新行为有消极和负面影响（陆欣欣，2016；孙健敏，2018；纪谱华，2018；张建卫，2018），并能促进抑制性建言行为（潘亮，2020）；不同的领导成员交换关系会对个体和团队产生不同的影响（张一杰，2024）。

本书的结论拓宽了早期研究人员的成果范畴，明确了心理资本在领导—成员交换和员工创新行为之间的中介作用，领导与下属间的密切联系会对下属的创新行为产生促进作用。企业应注重建立和发展领导与下属之间的积极关系，以塑造和培养下属的心理资本，同时还应注重员工的专业素养和职业道德教育，鼓励员工积极为企业的创新发展作出贡献，使他们具备优秀的创新能力和技能，以及强烈的主观创新意愿。

6.2.5　工作投入的调节作用讨论

经过验证的结构方程模型表明，工作投入会调节心理资本、组织创新氛围、领导—成员交换和知识分享对员工创新行为的影响强度。这一结论验证了邓潇雪等（2023）、李红琴等（2023）的研究结果。工作投入是其他变量如何影响创新者行为的调节变量。

但这与以往部分学者的结论不同。部分学者研究了工作投入的中介作用，认为工作投入在员工内在动机和员工绩效之间、在工作绩效和职业发展之间、在职业人格和主观幸福感之间、在组织自尊与员工创新行为之间都具有正向中介效应（李伟等，2012；翁清雄等，2017；连坤予等，2017；邓玉林等，2023），还有学者探讨了心理资本对工作投入的影响，认为心理资本可以提高员工的工作参与度，而且心理资本正向作用于工作投入和工作绩效（Alessandri et al.，2018；Kotzé，2018）。

员工对工作的投入受到个体、组织和领导因素的影响，并与各因素相互作用。不同的学者得出的研究结论有所不同，但大多数学者认为工作投入对员工创新行为与工作绩效有促进作用，这与本书的研究结论相同，但在具体作用机理上有所不同，体现了研究成果的多样性。同时，工作投入又以积极和间接的方式影响和调节着员工的创新行为。本书的研究结论拓展了工作投入的研究范畴，尤其是工作投入对组织创新氛围、领导—成员交换和知识分享作用于员工创新行为的路径调节效应，提供了新的研究思路与未来研究方向。

6.3　研究创新与管理建议

6.3.1　内容创新

（1）本书采用定性研究与定量研究相结合的方法，开发了一个涵盖个人层次、组织层次和领导层次的员工创新行为影响因素的新模型。将组织创新氛围、领导—成员交换和知识分享作为自变量，假设心理资本在组织创新氛围、领导—成员交换以及知识分享作用于员工创新行为的路径中具有中介效应，工作投入对各路径具有调节效应，并进行检验以确认模型的合理性。在此基础上，探讨了未来员工创新行为影响因素研究的方向和趋势。

（2）研究结论表明，在领导—成员交换、知识分享、心理资本、工作投入和组织创新氛围等因素中，心理资本和知识分享等个人因素特征对员工的创新行为影响最大。这就证明了外部因素必然通过作用于个体内部因素来影响个体行为的基本原理，为企业实践提供了理论依据。为了有效提高员工的创新行为，企业必须全面改善内部管理，从沟通机制、组织文化、运行模式、领导风格等方面培养创新型的组织氛围，以提升员工心理资本水平，增强知识分享的能力与意愿，加大工作投入，从而有效提高员工的创新行为。

6.3.2　理论创新

（1）本书在文献综述的基础上，构建了员工创新行为的跨层次影响因素的新模型，并通过实证研究验证了相关研究假设，具有一定的理论创新意义，也是对影响员工创新行为因素的理论研究的提炼和延伸。员工创新行为的影响因素模型包括个人、组织和领导三个方面。这为该领域的进一步研究提供了新的理论途径和方法。

（2）本书将外部组织因素和领导因素作为模型中的前因变量，并根据近年来的相关研究成果，创造性地选择组织创新氛围和领导—成员交换作为组织和领导层面的研究因素，从组织行为学角度提供了新的研究切入点。

（3）本书创新性地选择工作投入作为调节变量，心理资本作为中介变量，组织创新氛围、领导—成员交换和知识分享作为自变量。结果证明，引入模型的四大因素——知识分享、领导—成员交换、组织创新氛围和心理资本都对员工的创新行为有积极影响，工作投入则对模型路径起调节作用。其中，心理资本与知识分享对员工创新行为的效应最强，说明个体因素在对员工创新行为的影响中起主导作用。它对我们理解个体层面因素中心理资本、知识分享和工作投入之间的内部相互作用作出了一定的理论贡献，并为这些因素如何影响和作用于员工创新性行为提供了独特的解释。

6.3.3　管理建议

本书全面考察了中国员工心理资本、工作投入、知识分享、组织创新氛围、领导—成员交换和员工创新行为的基本理论和实际。剖析了 6 个变量之间的深层次影响关系，得出了具有一定创新意义的结论。第 2 章的文献综述和第 5 章的实证分析与假设检验是本书的基础与核心。本章根据研究结论，针对如何提高员工的创新行为提出可操作的策略建议。要提高员工的创新行为，我们需要在个人、组织和领导层面加以改进。强化员工的心理资本，营造良好的组织创新氛围，改善领导与成员之间的沟通关系，培养员工分享知识的意愿和能力，激励员工加大工作投入，从而提升员工的创新行为。

6.3.3.1　培养与提升员工的心理资本水平

本书的结论确定了员工心理资本的维度及其关系，证实了中国企业员工的心理资本对员工创新行为有积极而显著的影响。根据这些结论，我国企业应该制定提高员工心理资本的具体对策。要尊重、关心、爱护和培养创新型员工，给予他们充足的发展机会，使其保持健康向上的心理状态，提升员工的心理资本水平。

6.3.3.2　培养创新型的组织文化

员工的心理资本、知识交流和创新行为都因创新的工作环境而显著增强。为了鼓励员工的创新行为，组织应该努力培育和凝练创新型的组织文化，营造积极的创新氛围，在资源分配上向创新倾斜，在制度完善和流程构建上以创新为导向，培养员工的团队协作精神，使员工能够在一个充满创新与活力的组织氛围中工作，充分施展自己的创新才华。

6.3.3.3 建立完善的知识交流平台

知识分享被证实对员工创新行为有重要影响，同时，知识分享还是员工开展创新的重要路径与交流平台。通过知识分享过程中的充分交流与讨论，可以激发员工的创新灵感，产生创新想法与行为。为了促进员工认可并参与知识分享，可以建立一个信息化的、方便且高效的知识分享平台，使员工能够随时随地将自己所获得的最新知识分享到平台，也方便学习其他员工分享的知识，并自由发表自己的学习体会与心得，最大限度地实现充分交流互动。企业还应培养员工的知识分享观念及奉献与合作精神，增强员工分享知识的意愿和能力，并鼓励员工相互交流、讨论和学习。

6.3.3.4 构建积极的领导—成员交换关系

本书得出结论，员工的创新行为可以通过领导—成员交换关系得到增强。因此，企业的领导者要重视上下级之间的沟通与交流，并力争在工作内容、工作任务、工作目标等方面与下属达成共识。同时，主动与下属之间构建和谐的人际关系甚至成为超越工作关系的朋友与知己。一是建立开放式沟通渠道，及时了解下属需求，并与之建立深厚友谊。二是尊重员工个性，认可并赞扬团队与个人取得的成绩。三是以身作则，以自身优秀的专业素养与人格魅力赢得员工的尊重与忠诚。

6.3.3.5 激励员工增加工作投入

研究表明，工作投入可以调节被验证模型的路径。能够积极投入体力、情感和认知到工作中的员工，通常都有强烈的分享知识的愿望和能力。这些员工是企业创新的主要源泉，他们通常愿意为企业承担相应的复杂而艰巨的开创性工作。企业应该关注员工的工作条件和氛围，充分发挥员工的才能，鼓励员工增加工作投入，产生更多的创新行为。

6.4 研究局限与未来展望

6.4.1 研究局限

本书从影响员工创新行为的因素中，分别提取了涵盖个体、组织和领导层次的 6 个变量因素构建了框架模型，从跨层次的角度探讨了员工创新行为的作用机制。虽然本书取得了一定的理论和实践成果，但仍有许多不完善之处，有待在今后的研究中加以改进。

6.4.1.1 在调查对象的选择上存在一些不足

首先，在样本选取上存在一定局限。2022 年由于新冠疫情影响，给实地调研带来了很大困难，本书确定采用线上调查方式来收集信息。但由于研究团队自身限制，只选择了团队成员所在地西北地区，和与成员有较密切联系的亲属、朋友所在地西南、华南和华北地区作为调查区域，而其他地区均未进行调查。这种调研得出的结论和对策，在调查数据没有经过进一步验证的情况下，不一定符合其他地区的实际情况。其次，本书的调查对象大部分是 20~39 岁的员工，主要是普通员工和基层管理人员。研究结论是否具有普遍适用性，有待进一步探讨。最后，本次问卷调查共在中国四大区域收集到 445 份有效问卷。这些有效问卷能否克服时间和资源的限制而代表研究对象——中国企业员工的创新特征还有待考证，被调查者的样本数量也有一定的局限性。

6.4.1.2 量化分析方面存在局限性

本书采用理论与实证相结合的研究方法，根据已有的成熟量表与假设模型，加以改进创新，形成自己的研究模型与调查问卷。再采用专业的统计学方法，对收集到的调查数据进行分析检验，最终得出研究结论。在具体的调研过程中，没有对被调查者进行大规模面对面的访谈，所以结论比较广泛，深度略显不足。同时，本书只设了一级变量，没有区分二级变量维度，因而没有就员工创新行为中的探索性创新和利用性创新维度分别进行相关影响因素分析。此外，不同的创新方式的前因变量很可能导致创新行为的巨大差异，这是本书没有探讨的部分。后续研究可以分别讨论探索性创新和应用性创新的影响因素及机制，以增强研究的针对性与完善性。

6.4.1.3　构建整合模型方面存在局限性

本书以组织创新氛围、知识分享和领导—成员交换为前因变量，以心理资本为中介变量，以工作投入为调节变量，构建了员工创新行为的影响要素机制模型，并探索了各变量对员工创新行为的作用路径。然而，这种研究模式具有一些局限性。前因变量中是否有其他因素未被考虑，如外部技术环境能否作为新的前因变量？除了调节效应之外，工作投入对结构模型是否有中介效应？这些研究将进一步打开员工创新行为影响因素的黑箱。另外，本书并未讨论不同的员工创新行为所带来的结果效应，有待在以后的研究中加以完善。

6.4.2　未来研究展望

通过深入分析以上研究的不足，本书针对具体问题展望未来的研究内容与方向。

6.4.2.1　增加样本覆盖的地区范围和样本数量

可以加大调研力度，收集除本书涉及的华南、华北、西南、西北这四个地区以外的其他地区的调查数据，提高样本的代表性。同时，要通过进一步扩大调查对象的行业，增加从业人员的工作类别，在更广泛的领域调查企业，扩大调查对象的覆盖面。

6.4.2.2 开展定性研究，提高研究的理论深度

由于定量研究所选择的样本数量总是有限的，根据样本分析得到的结论则具有一定的局限性和制约性，研究结论是否具有普遍性难以验证。因此，不同变量对员工创新行为的影响到底有何不同？为什么会产生这些不同？原因值得进一步研究。而要对这些变量关系有更准确的把握，就必须增加定性研究的内容，以剖析现象背后本质上的相互作用关系。

6.4.2.3 分别针对两类创新行为的影响因素开展后续研究

虽然本书采用了双元创新理论作为理论基础，但是由于研究的维度过多，在具体操作中员工的创新行为被设定为一阶变量。但探索式创新和利用式创新的程度和力度差别较大，其影响因素也存在极大的区别。未来的研究可以分别讨论探索式创新和利用式创新的影响因素，并通过衡量中国企业自身的创新模式来寻找不同的创新路径。

6.4.2.4 在假设模型中加入新的研究变量

在后续研究中，将尝试进一步挖掘影响员工创新行为的新的因素。在前因变量中，可以考虑加入外部技术环境变量；在整合模型中加入新的中介变量或情境变量；在员工的创新行为之后，加入后续变量，如员工的创新绩效等。通过深入分析研究，进一步完善和构建员工创新行为影响因素的整合理论框架。

总之，本书探讨了中国企业如何通过组织创新氛围、领导—成员交换关系、员工心理资本、知识分享、工作投入等因素影响员工的创新行为，设计了包括自变量、中介变量、调节变量、因变量的结构模型，采用定性与实证方法探讨了员工创新行为的作用因素和作用过程，并根据研究结果提出相应的管理建议，最后指出了研究局限和未来研究展望。

参考文献

[1] 安世民，金雨婷，张羽琦．"匠心促创新"：工匠精神对员工双元创新行为的影响机制 [J]．科技进步与对策，2024，41（14）：132－141.

[2] 白云涛，王亚刚，席酉民．多层级领导对员工信任、工作绩效及创新行为的影响模式研究 [J]．管理工程学报，2008（3）：24－29.

[3] 曹科岩，窦志铭．组织创新氛围，知识分享与员工创新行为的跨层次研究 [J]．科研管理，2015，36（12）：83－91.

[4] 曹威麟，彭传虎，梁樑．国外工作投入与工作倦怠研究述评与展望 [J]．科研管理，2013，34（11）：154－160.

[5] 曹勇，周红枝，谷佳．工作压力对员工创新行为的影响研究：心理距离的中介作用与雇佣关系氛围的调节效应 [J]．科学学与科学技术管理，2021，42（12）：163－176.

[6] 晁罡，余云丹，王磊．员工知识分享：个体积极性与社会积极性的交互作用 [J]．华南理工大学学报（社会科学版），2021，23（2）：36－45.

[7] 陈超，刘新梅．领导—领导交换对个体创造力的跨层次作用研究 [J]．软科学，2023，37（4）：13－18＋42.

[8] 陈浩．工作要求与创新工作行为关系的研究 [J]．技术经济与管理研究，2011（1）：41－45.

[9] 陈劲，金鑫，张奇．企业分布式创新知识共享机制研究 [J]．科研管理，2012，33（6）：1－7.

[10] 陈淑玲．创新行为与创新绩效跨层次分析：资源基础理论观点 [D]．台北：中山大学人力资源管理研究所，2006.

[11] 陈维政，李金平. 组织气候研究回顾及展望 [J]. 外国经济与管理，2005（8）：18-25.

[12] 陈希镇. 现代统计分析方法的理论和应用 [M]. 北京：国防工业出版社，2016.

[13] 陈晓暾，李嵱，鹿祎璇. 变革型领导对员工越轨创新行为的影响——基于中国管理情境的实证分析 [J]. 华东经济管理，2022，36（9）：45-54.

[14] 程德俊，王肖宇. 员工地位竞争动机、知识分享行为与创新绩效——基于嵌入性悖论视角 [J]. 科技进步与对策，2022，39（23）：19-127.

[15] 程秀兰，高游. 幼儿园教师社会支持与工作投入的关系：心理资本的中介作用 [J]. 学前教育研究，2019（12）：41-51.

[16] 邓潇雪，张红英，于洪宇. 主动性人格与护士创新行为关系中职业韧性及工作投入的影响 [J]. 护理实践与研究，2023，20（7）：979-984.

[17] 邓玉林，王家爱，刘航. 组织自尊对知识型员工创新行为的影响机制——传统上下级关系与工作投入视角 [J]. 科技管理研究，2023，43（18）：169-177.

[18] 董佳敏，刘人境，严杰等. 知识分享意愿和隐性知识对组织学习绩效的交互影响 [J]. 管理评论，2021，33（2）：153-163.

[19] 杜鹏程，李敏，倪清等. 差错反感文化对员工创新行为的影响机制研究 [J]. 管理学报，2015，12（4）：538-545.

[20] 杜维，司有和，温平川. 资源基础理论视角下对知识管理战略前因及后果的实证研究 [J]. 科学学与科学技术管理，2009，30（8）：95-102.

[21] 段锦云，王娟娟，朱月龙. 组织氛围研究：概念测量、理论基础及评价展望 [J]. 心理科学进展，2014，22（12）：1964-1974.

[22] 段锦云，张倩. 建言行为的认知影响因素、理论基础及发生机制 [J]. 心理科学进展，2012，20（1）：115-126.

[23] 高伟明，曹庆仁，许正权. 伦理型领导对员工安全绩效的影响：

安全氛围和心理资本的跨层中介作用［J］．管理评论，2017，29（11）：116-128．

［24］高中华，赵晨，李超平等．高科技企业知识员工心理资本对其离职意向的影响研究——基于资源保存理论的调节中介模型［J］．中国软科学，2012（3）：138-148．

［25］古家军，吴君怡．新创企业员工间高质量关系影响失败学习的机理研究［J］．科研管理，2020，41（5）：164-171．

［26］顾江洪，江新会，丁世青等．职业使命感驱动的工作投入：对工作与个人资源效应的超越和强化［J］．南开管理评论，2018，21（2）：107-120．

［27］顾远东，彭纪生．创新自我效能感对员工创新行为的影响机制研究［J］．科研管理，2011，32（9）：63-73．

［28］顾远东，彭纪生．组织创新氛围对员工创新行为的影响：创新自我效能感的中介作用［J］．南开管理评论，2010，13（1）：30-41．

［29］顾远东，周文莉，彭纪生．组织创新氛围、成败经历感知对研发人员创新效能感的影响［J］．研究与发展管理，2014，26（5）：82-94．

［30］顾远东，周文莉，彭纪生．组织创新支持感与员工创新行为：多重认同的中介作用［J］．科技管理研究，2016，36（16）：129-136．

［31］关培兰，吴晓俊．个人与组织契合度在人力资源管理实践中的应用［J］．商业时代，2008（28）：52-53．

［32］郭彤梅，郭秋云，孟利兵等．知识型员工心理资本和创新绩效的关系研究［J］．经济问题，2019（10）：71-78．

［33］郭钟泽，谢宝国，程延园．如何提升知识型员工的工作投入？——基于资源保存理论与社会交换理论的双重视角［J］．经济管理，2016，2：81-90．

［34］韩翼，杨百寅．真实型领导、心理资本与员工创新行为：领导成员交换的调节作用［J］．管理世界，2011（12）：78-86+188．

［35］侯二秀，陈树文，长青．企业知识员工心理资本维度构建与测

量 [J]. 管理评论, 2013, 25 (2): 115 - 125.

[36] 胡丹丹, 杨忠. 组织创新氛围对员工创新行为的影响机制研究——一个概念模型 [J]. 江苏社会科学, 2018 (6): 86 - 93 + 274.

[37] 胡晓辉, 包平, 黄思慧. 国内高校图书馆组织氛围维度结构研究——基于扎根理论的探索 [J]. 图书馆学研究, 2020 (10): 28 - 38.

[38] 黄俊, 贾煜, 桂梅等. 公仆型领导对员工主动创新行为的影响——基于领导部属交换与员工工作投入的中介作用 [J]. 科技进步与对策, 2015, 32 (21): 145 - 150.

[39] 黄培伦, 尚航标, 李海峰. 组织能力: 资源基础理论的静态观与动态观辨析 [J]. 管理学报, 2009, 6 (8): 1104 - 1110.

[40] 纪谱华. 基于心理授权和权力距离的领导成员交换对员工创新行为的影响研究 [D]. 重庆: 西南大学, 2018.

[41] 贾建锋, 李会霞, 刘志等. 组织创新氛围对员工突破式创新的影响 [J]. 科技进步与对策, 2022, 39 (3): 145 - 152.

[42] 简文娟. 组织创新气候评估量表之建立——以高科技产业为实证研究对象 [D]. 台北: 中央大学人力资源管理研究所, 1999.

[43] 姜诗尧, 郝金磊, 李方圆. 资源保存理论视角下领导—成员交换对员工创新行为的影响 [J]. 首都经济贸易大学学报, 2019, 21 (6): 92 - 99.

[44] 姜帅合, 肖勤勤. 组织氛围对乡村教师工作投入的影响 [J]. 教育研究与实验, 2023 (6): 86 - 94.

[45] 金辉, 许虎. 领导长期导向对员工创新行为的双刃效应——基于一个被调节的双中介模型 [J]. 管理学刊, 2023, 36 (2): 99 - 113.

[46] 柯江林, 孙健敏, 李永瑞. 心理资本: 本土量表的开发及中西比较 [J]. 心理学报, 2009, 41 (9): 875 - 888.

[47] 李凤莲. 心理资本对员工创新行为的影响机制研究 [J]. 财经问题研究, 2017 (12): 138 - 143.

[48] 李富田, 李真莉, 袁梦莎. 雇主价值主张对员工工作投入的影

响机制研究——心理契约的中介作用与企业性质的调节作用 [J]. 重庆社会科学，2021 (9)：25 - 37.

[49] 李根祎，徐静休. 追寻职业使命感对员工工作投入的影响机制研究 [J]. 财经论丛，2024 (6)：78 - 88.

[50] 李红琴，赵燕，尹天子. 工作负荷对小学教师工作时间压力的影响：来自有调节的中介效应模型 [J]. 兴义民族师范学院学报，2023 (2)：46 - 51.

[51] 李季，蒋勤峰，田晓明. 女企业家领导力模式下组织气氛的研究 [J]. 心理科学，2009，32 (6)：1459 - 1461 + 1527.

[52] 李静芝，李永周. 组织创新氛围、网络嵌入对员工创新行为的影响 [J]. 科技进步与对策，2022，39 (12)：130 - 139.

[53] 李锐，田晓明，孙建群. 自我牺牲型领导对员工知识共享的作用机制 [J]. 南开管理评论，2014，5：24 - 32.

[54] 李伟，梅继霞. 内在动机、工作投入与员工绩效：基于核心自我评价的调节效应 [J]. 经济管理，2012，34 (9)：77 - 90.

[55] 李显君，马雅非，徐可等. 汽车产品开发过程知识共享影响因素实证研究 [J]. 科研管理，2011，32 (2)：28 - 36.

[56] 李晓艳，周二华. 顾客言语侵犯对服务人员离职意愿的影响研究：心理资本的调节作用 [J]. 南开管理评论，2012，2：39 - 47.

[57] 李燕，杨鹃. 数字领导力、工作投入、组织创新氛围与特殊教育教师工作满意度的关系 [J]. 中国特殊教育，2024 (7)：74 - 81.

[58] 李永占. 变革型领导对员工创新行为的影响：心理授权与情感承诺的作用 [J]. 科研管理，2018，39：123 - 130.

[59] 李永占. 真实型领导对员工创新行为的影响：工作投入的中介效应 [J]. 心理与行为研究，2019，17 (6)：854 - 860.

[60] 李悦，王怀勇. 双元创新行为与心理脱离：矛盾式领导风格的调节作用及其边界条件 [J]. 科学学与科学技术管理，2018，39 (10)：157 - 170.

[61] 李志，徐凡迪. 基层公务员的工作获得感对工作投入的影响——职业认同的中介作用 [J]. 重庆社会科学，2023（12）：170-184.

[62] 连坤予，谢姗姗，林荣茂. 中小学教师职业人格与主观幸福感的关系：工作投入的中介作用 [J]. 心理发展与教育，2017，33（6）：700-707.

[63] 连欣，杨百寅，马月婷. 组织创新氛围对员工创新行为影响研究 [J]. 管理学报，2013，10（7）：985-992.

[64] 梁阜，李树文. 变革型领导对员工创新行为的影响机制：一个跨层次模型研究 [J]. 科技进步与对策，2016，33（24）：147-153.

[65] 梁阜，李树文，孙锐. SOR 视角下组织学习对组织创新绩效的影响 [J]. 管理科学，2017，30（3）：63-74.

[66] 梁祺，张纯. 包容型领导对员工创新行为的影响——知识共享的中介和批判性思维的调节 [J]. 商业研究，2016，5：129-136.

[67] 刘明霞，徐心吾. 真实型领导对员工知识共享行为的影响机制——基于道德认同的中介作用 [J]. 中国软科学，2019（2）：14.

[68] 刘明霞，徐心吾. 真实型领导、主管认同与员工知识共享行为：程序公平的调节作用 [J]. 湖南大学学报（社会科学版），2021，35（1）：45-53.

[69] 刘善仕，玉胜贤，刘嫦娥. 投桃报李：临时员工助人行为对正式员工隐性知识分享的影响机制 [J]. 商业经济与管理，2024（6）：54-67.

[70] 刘云，石金涛，张文勤. 创新气氛的概念界定与量表验证 [J]. 科学学研究，2009，27（2）：289-294.

[71] 刘云，石金涛. 组织创新气氛与激励偏好对员工创新行为的交互效应研究 [J]. 管理世界，2009（10）：88-101+114+188.

[72] 卢小君，张国梁. 工作动机对个人创新行为的影响研究 [J]. 软科学，2007，21（6）：124-127.

[73] 陆欣欣，孙嘉卿. 领导—成员交换与情绪枯竭：互惠信念和权力距离导向的作用 [J]. 心理学报，2016，48（5）：566-577.

[74] 路琳，陈晓荣. 人际和谐取向对知识共享行为的影响研究 [J].

管理评论，2011，23：68－74.

[75] 马华维，董晓茹，姚琦. 员工感知被信任影响工作投入的心理机制：维度差异及理论比较 [J]. 心理科学，2021，44（6）：1476－1482.

[76] 马璐，张哲源. 威权领导对员工创新行为的影响 [J]. 科技进步与对策，2018，35（17）：139－145.

[77] 潘楚林，郭鸿鹏，徐爽等. 年龄包容型 HR 实践对员工创新行为的影响：环境动态性的调节作用 [J]. 南大商学评论，2023（1）：104－122.

[78] 潘亮，杨东涛. 代际视角下相对的领导—成员交换关系对员工建言行为的影响研究 [J]. 管理学报，2020，17（4）：518－526.

[79] 彭正龙，王红丽，谷峰. 涌现型领导对团队情绪、员工创新行为的影响研究 [J]. 科学学研究，2011，29（3）：471－480.

[80] 仇泸毅，张梦桃，王勋追等. 可干预的人格特质：自我分化对员工创新的影响 [J]. 科研管理，2022，43（2）：202－208.

[81] 乔开文，褚福磊. 感知领导与员工资质过剩一致性与员工创新绩效："领导—成员"交换关系的中介作用 [J]. 兰州大学学报（社会科学版），2023，51（6）：146－156.

[82] 任高飞，陈瑶瑶. 组织知识分享的关键影响因素及其效应：来自 META 分析的证据 [J]. 统计与信息论坛，2023，38（3）：117－128.

[83] 任皓，温忠麟，陈启山等. 工作团队领导心理资本对成员组织公民行为的影响机制：多层次模型 [J]. 心理学报，2013，45（1）：82－93.

[84] 单红梅，金露露. 企业－工会关系对员工创新行为的影响研究——心理资本和情绪智力的作用 [J]. 管理学刊，2022，35（3）：88－102.

[85] 时方方，郭云贵. 领导成员交换对员工创新行为的影响：一个链式中介模型 [J]. 西部经济管理论坛，2021，32（2）：91－98.

[86] 时勘，宋旭东，周瑞华等. 变革型领导对员工工作幸福感的影响机制：工作重塑的中介作用与领导成员交换的调节作用 [J]. 心理研究，2022，15（6）：526－535.

[87] 宋典，袁勇志，张伟炜. 创业导向对员工创新行为影响的跨层

次实证研究——以创新氛围和心理授权为中介变量 [J]. 科学学研究,2010,29 (8):1266-1273.

[88] 苏屹,梁德智. 包容型领导对员工创新行为的影响:基于组织和谐的中介作用及组织创新氛围的调节作用 [J]. 商业经济与管理,2021 (1):27-36.

[89] 苏屹,周文璐,崔明明等. 共享授权型领导对员工创新行为的影响:内部人身份感知的中介作用 [J]. 管理工程学报,2018,2:17-26.

[90] 孙鸿飞,倪嘉苒,武慧娟等. 知识型员工心理资本与工作绩效关系实证研究 [J]. 科研管理,2016,37 (5):60-69.

[91] 孙健敏,陈乐妮,尹奎. 挑战性压力源与员工创新行为:领导——成员交换与辱虐管理的作用 [J]. 心理学报,2018,50 (4):436-449.

[92] 孙锐,石金涛,张文勤. 中国企业领导成员交换、团队成员交换,组织创新气氛与员工创新行为关系实证研究 [J]. 管理工程学报,2009,23 (4):109-115.

[93] 汤书昆,王孝炯,徐晓飞. 中国公民科学素质测评指标体系研究 [J]. 科学学研究,2008 (1):78-84.

[94] 唐于红,毛江华. 个体感知差异和职场排斥对知识共享行为的影响机制 [J]. 科研管理,2020,41 (4):200-208.

[95] 唐源. 心理资本、工作投入和知识分享对员工创新行为的影响机制研究 [D]. 成都:电子科技大学,2021.

[96] 屠兴勇,张怡萍,刘雷洁. 主管教练行为对员工创造性工作投入的影响:被调节的中介效应模型检验 [J]. 管理评论,2024,36 (4):154-164.

[97] 万鹏宇,郑俊巍,张振铎. 勿让亲密成为负担:上下级情感关系对员工突破式创新的双刃剑作用 [J]. 心理科学,2023,46 (5):1156-1163.

[98] 王飞,郝旭光,赵春霞等. 中层管理者迈尔斯布里格斯 (MBTI) 人格类型对其创新行为的影响——一个被调节的中介模型 [J]. 科技进步与对策,2018,35 (5):140-146.

［99］王华，徐晓，吴昊等．组织创新的概念、类型与测量述评［J］．兰州学刊，2009（S1）：83－88＋91．

［100］王怀伟．统计学教程［M］．北京：清华大学出版社，2004．

［101］王辉，常阳．组织创新氛围、工作动机对员工创新行为的影响［J］．管理科学，2017，30（3）：51－62．

［102］王辉，牛雄鹰．领导＆部属交换的多维结构及对工作绩效和情境绩效的影响［J］．心理学报，2004，36（2）：179－185．

［103］王宁，陈志军．组织内影响个体知识分享的因素回顾与展望［J］．现代管理科学，2013（6）：39－41．

［104］王宁，罗瑾琏．组织创新氛围对员工创新行为的影响研究［J］．经济论坛，2009（18）：103－105．

［105］王蕊，叶龙．基于人格特质的科技人才创新行为研究［J］．科学管理研究，2014，32（4）：100－103．

［106］王士红，徐彪，彭纪生．组织氛围感知对员工创新行为的影响——基于知识共享意愿的中介效应［J］．科研管理，2013，34（5）：130－135．

［107］王文卓，孙遇春，徐振亭．学习目标导向、留职动机与工作投入的关系——组织学习氛围的跨层次调节作用［J］．工业工程与管理，2017，22（4）：176－184．

［108］王仙雅，林盛，陈立芸等．组织氛围、隐性知识共享行为与员工创新绩效关系的实证研究［J］．软科学，2014，28（5）：43－47．

［109］王昕．高新技术企业知识型员工领导成员交换与工作内嵌入关系研究［D］．济南：山东大学，2014．

［110］王雁飞，林珊燕，郑立勋等．社会信息加工视角下伦理型领导对员工创新行为的双刃剑影响效应研究［J］．管理学报，2022，19（7）：1006－1015．

［111］王雁飞，梅洁，朱瑜．心理资本对员工创新行为的影响：组织支持感和心理安全感的作用［J］．商业经济与管理，2017（10）：24－34．

[112] 王雁飞, 朱瑜. 组织创新气氛的研究进展与展望 [J]. 心理科学进展, 2006 (3): 443-449.

[113] 王雁飞, 朱瑜. 组织社会化、信任、知识分享与创新行为: 机制与路径研究 [J]. 研究与发展管理, 2012, 24 (2): 34-46.

[114] 王桢, 陈乐妮, 李旭培. 变革型领导与工作投入: 基于情感视角的调节中介模型 [J]. 管理评论, 2015, 27 (9): 120-129, 212.

[115] 王智宁, 吴应宇, 叶新凤. 员工知识共享的计划行为模型: 基于江苏高科技企业问卷调查的分析 [J]. 情报杂志, 2011, 30 (3): 106-113.

[116] 温忠麟, 侯杰泰, 张雷. 调节效应与中介效应的比较和应用 [J]. 心理学报, 2005 (2): 268-274.

[117] 翁清雄, 杨惠, 曹先霞. 科研人员职业成长, 工作投入与工作绩效的关系 [J]. 科研管理, 2017, 38 (6): 144-151.

[118] 吴庆松, 陈韶荣, 瞿艳平. 知识转移与企业技术创新绩效: 心理资本的中介作用 [J]. 商业经济与管理, 2018 (4): 39-48.

[119] 吴庆松, 游达明. 员工心理资本、组织创新氛围和技术创新绩效的跨层次分析 [J]. 系统工程, 2011, 29 (1): 69-77.

[120] 吴治国. 变革型领导、组织创新氛围与创新绩效关联模型研究——基于中国企业的理论与实证分析 [D]. 上海: 上海交通大学, 2008.

[121] 吴治国, 石金涛. 员工创新行为触发系统分析及管理启示 [J]. 中国软科学, 2007 (3): 92-98.

[122] 解学梅, 吴永慧. 企业协同创新文化与创新绩效: 基于团队凝聚力的调节效应模型 [J]. 科研管理, 2013, 34 (12): 66-74.

[123] 向阳, 曹勇. 知识治理, 知识共享与员工创新行为: 基于认知视角的研究 [J]. 中国管理科学, 2012 (S2): 600-607.

[124] 谢荷锋. 组织氛围对企业员工间非正式知识分享行为的激励研究 [J]. 研究与发展管理, 2007 (2): 92-99.

[125] 徐本华, 邓传军, 武恒岳. 领导成员交换与员工主动创新行为: 一个被中介的调节模型 [J]. 管理科学, 2021, 34 (2): 44-55.

[126] 徐光, 黄莹, 谭玲玉. 信息公平与员工知识分享: 组织认同的中介作用和公平敏感性的调节作用 [J]. 中国软科学, 2020 (S1): 125 - 132.

[127] 徐劲松, 陈松. 群体资源对个体知识共享的跨层次影响: 心理资本的视角 [J]. 科研管理, 2018, 39 (3): 101 - 109.

[128] 闫艳玲, 周二华, 刘婷. 职场排斥与反生产行为: 状态自控和心理资本的作用 [J]. 科研管理, 2014, 35 (3): 82 - 90.

[129] 阎亮, 张治河. 组织创新氛围对员工创新行为的混合影响机制 [J]. 科研管理, 2017, 38 (9): 97 - 105.

[130] 杨皖苏, 杨善林. 主动性—被动性员工创新行为: 基于挑战性—阻断性压力源双路径分析 [J]. 科学学与科学技术管理, 2018, 39 (8): 130 - 144.

[131] 杨晓, 温少海, 王辉. 上下级工作与私人关系对员工越轨创新行为的差异性研究 [J]. 管理学报, 2024, 21 (2): 202 - 211.

[132] 杨自伟, 翟海燕. 组织战略信息对员工创造力的影响——基于社会资源与认知评价理论整合的视角 [J]. 现代管理科学, 2015, 12: 94 - 96.

[133] 姚艳虹, 韩树强. 组织公平与人格特质对员工创新行为的交互影响研究 [J]. 管理学报, 2013, 10 (5): 700 - 707.

[134] 叶许红, 张彩江, 廖振鹏. 组织氛围对企业创新实施影响研究 [J]. 科研管理, 2006 (1): 75 - 79.

[135] 游雨诗, 姚计海. 管理沟通与教师知识共享的关系——教师心理授权和心理资本的中介作用 [J]. 教育学报, 2023, 19 (5): 118 - 129.

[136] 俞达, 梁钧平. 对领导者 - 成员交换理论 (LMX) 的重新检验——一个新的理论模型 [J]. 经济科学, 2002 (1): 5 - 18.

[137] 袁林, 谭文, 邵云飞. 组织创新氛围对企业专利创造能力的影响机理研究 [J]. 科技管理研究, 2015, 35 (9): 1 - 6 + 12.

[138] 袁凌, 李建, 贾玲玲. 基于资源保存理论的企业员工工作投入研究 [J]. 东北师大学报 (哲学社会科学版), 2014 (4): 95 - 101.

[139] 袁朋伟, 董晓庆, 翟怀远等. 共享领导对知识员工创新行为的影

响研究——知识分享与团队凝聚力的作用 [J]. 软科学, 2018, 32 (1): 87 – 91.

[140] 张宏如. 心理资本对创新绩效影响的实证研究 [J]. 管理世界, 2013, 10: 170 – 171.

[141] 张惠琴, 侯艳君. 基于知识图谱的国内员工创新行为研究综述 [J]. 科技进步与对策, 2017, 34 (11): 153 – 160.

[142] 张佳蕾, 赵曙明. 高绩效工作系统对员工创新行为的跨层次影响研究: 包容型领导的作用 [J]. 科学学与科学技术管理, 2024, 45 (7): 167 – 182.

[143] 张建卫, 任永灿, 赵辉等. 变革型领导对多层面创造力的双刃剑效应 [J]. 外国经济与管理, 2018, 40 (5): 31 – 42.

[144] 张洁, 廖貅武. 虚拟社区中顾客参与, 知识共享与新产品开发绩效 [J]. 管理评论, 2020, 32 (4): 117 – 131.

[145] 张军成, 凌文轮, 陈祥顺. 人力资源开发与组织学习能力对竞争优势的影响: 基于资源基础理论的一个整合模型 [J]. 广州大学学报 (社会科学版), 2015, 14 (1): 50 – 57.

[146] 张兰霞, 韦彩云, 孙欣. 上级信任感知对员工创新行为的影响机制研究——一个双重链式中介效应模型 [J]. 软科学, 2023, 37 (6): 131 – 137.

[147] 张丽然, 高良谋. 职场精神力与工作态度的关系: 来自元分析的证据 [J]. 中国人力资源开发, 2023, 40 (5): 51 – 71.

[148] 张敏. 建设性争辩、团队情绪对团队成员创新行为影响实证研究 [J]. 科技进步与对策, 2013, 30 (11): 144 – 148.

[149] 张瑞娟, 孙健敏, 王震. 承诺型人力资源管理实践、员工工作投入与创新行为的关系 [J]. 重庆大学学报 (社会科学版), 2014, 20 (4): 73 – 79.

[150] 张文勤, 石金涛, 宋琳琳等. 团队中的目标取向对个人与团队创新的影响——多层次研究框架 [J]. 科研管理, 2008 (6): 74 – 81 + 100.

[151] 张晓东, 朱敏. 激励, 同事态度和个人文化对知识共享的影响 [J]. 科研管理, 2012, 33 (10): 97 - 105.

[152] 张旭, 樊耘, 朱婧. 组织支持对情感承诺和员工创新行为的影响 [J]. 华东经济管理, 2014, 28 (9): 125 - 130 + 171.

[153] 张亚军, 张金隆, 张千帆等. 威权和授权领导对员工隐性知识共享的影响研究 [J]. 管理评论, 2015, 27 (9): 130 - 139.

[154] 张一杰, 郭一蓉, 郑晓明. 领导成员交换差异的影响: 有益还是有害? [J]. 管理评论, 2024, 36 (3): 159 - 170.

[155] 张振刚, 余传鹏, 李云健. 主动性人格, 知识分享与员工创新行为关系研究 [J]. 管理评论, 2016, 28 (4): 123 - 133.

[156] 赵斌, 付庆凤, 李新建. 科技人员心理资本对创新行为的影响研究: 以知识作业难度为调节变量 [J]. 科学学与科学技术管理, 2012, 33 (3): 174 - 180.

[157] 赵斌, 刘开会, 李新建等. 员工被动创新行为构念界定与量表开发 [J]. 科学学研究, 2015, 33 (12): 1909 - 1919.

[158] 赵富强, 陈耘, 胡伟. 中国情境下 WFB - HRP 对工作绩效的影响研究——家庭 - 工作促进与心理资本的作用 [J]. 南开管理评论, 2019, 22 (6): 165 - 175.

[159] 赵洁, 张宸璐. 外部知识获取、内部知识分享与突变创新——双元性创新战略的调节作用 [J]. 科技进步与对策, 2014, 31 (5): 127 - 131.

[160] 赵娅. 工作重塑、心理资本对知识员工创新行为的影响 [J]. 企业经济, 2020, 39 (10): 58 - 66.

[161] 赵燕梅, 张正堂. 服务型领导在组织创新氛围影响员工创新行为动力机制中的调节效应 [J]. 华南师范大学学报 (社会科学版), 2020 (6): 127 - 141 + 191 - 192.

[162] 甄美荣, 彭纪生, 杨晶照. 组织创新气氛对员工创新行为的影响——基于个体目标取向、心理资本的分析 [J]. 科技与经济, 2012, 25 (1): 86 - 90.

［163］甄美荣，朱永跃，庄晋财等. 心理资本、目标取向与创新行为——组织创新氛围下的两层次多效应研究［J］. 软科学，2015，29（11）：101－104.

［164］仲理峰，王震，李梅等. 变革型领导、心理资本对员工工作绩效的影响研究［J］. 管理学报，2013，10（4）：536－544.

［165］周浩，陆云燕. 爱屋才能及乌？类亲情交换视角下组织政治知觉对知识分享的影响［J］. 管理评论，2024，36（9）：141－150.

［166］周健明，周永务. 知识惯性与知识创造行为：组织记忆与创新氛围的作用［J］. 科学学研究，2021，39（6）：1103－1110，1119.

［167］A. Ardichvili. Invited Reaction：Meta-Analysis of the Impact of Psychological Capital on Employee Attitudes，Behaviors，and Performance［J］. Human Resource Development Quarterly，2011，22（2）：153－156.

［168］A. B. Bakker，E. Demerouti. The job demands-resources model：State of the art［J］. Journal of Managerial Psychology，2007，22（33）：309－328.

［169］A. F. Hayes. Beyond Baron and Kenny. Statistical mediation analysis in the new millennium［J］. Communication Monographs，2009，76（4）：408－420.

［170］A. K. Gupta，K. G. Smith，C. E. Shalley. The interplay between exploration and exploitation［J］. Academy of Management Journal，2006，49（4）：693－706.

［171］A. Lewin，C. Long，T. Caroll. The coevolution of new organizational forms［J］. Organization Science，1999，10（5）：535－550.

［172］Amabile T M. How to Kill Creativity［J］. Harvard Business Review，1998，9：77－87.

［173］A. M. Mills，T. A. Smith. Knowledge management and organizational performance：A decomposed view［J］. Journal of Knowledge Management，2011，15（1）：156－171.

［174］Anderson，James，Gerbing C，et al. Structural equation modeling in practice：A review and recommended two-step approach［J］. Psychological

Bulletin, 1988. DOI: 10. 1037/0033 − 2909. 103. 3. 411.

[175] Anderson N, Potočnik K, Zhou J. Innovation and creativity in organizations: A state-of-the-science review, prospective commentary, and guiding framework [J]. Journal of Management, 2014, 40 (5): 1297 −1333.

[176] Antonioli D, Mazzanti M. Towards a green economy through innovations: the role of trade union involvement [J]. Ecological economics, 2017 (1): 286 −299.

[177] Armbrecht FMR, Chapas RB, Chappelow CC, et al. Knowledge Management in Research and Design [J]. Research Technology Management, 2001, 44 (4): 28 −48.

[178] Atwater L, Carmeli A. Leader-member exchange, feelings of energy, and involvement in creative work [J]. The Leadership Quarterly, 2009, 20 (3): 264 −275.

[179] Bagozzi R P. Evaluating Structural Equation Models with Unobservable Variables and Measurement Error: A Comment [J]. Journal of Marketing Research, 1981, 18 (3): 375 −381.

[180] Bakker A B, Demerouti E, Sanz-Vergel A I. Burnout and Work Engagement: The JD-R Approach [J]. Annual Review of Organizational Psychology & Organizational Behavior, 2014, 1 (1): 389 −411.

[181] Barrett P. Structural equation modelling: Adjudging model fit [J]. Personality and Individual Differences, 2007, 42 (5): 815 −824.

[182] Bentler P, Bonett M, et al. Significance tests and goodness of fit in the analysis of covariance structures [J]. Psychological Bulletin, 1980, 88 (3): 588 −606.

[183] Bentler P. M. , Chou C. P. Practical issues in structural modeling [J]. Sociological Methods & Research, 1987, 16 (1): 78 −117.

[184] Bentler, P. M. Comparative fit indexes in structural models [J]. Psychological Bulletin, 1990, 107 (2): 238 −251.

[185] Bharadwaj S. , Menon A. Making innovation happen in organizations: Individual creativity mechanisms, organization creativity mechanisms or both? [J]. Journal of Product Innovation Management, 2000, 17: 424 –434.

[186] Bollen, Kenneth A, et al. Democracy, stability, and dichotomies [J]. American Sociological Review, 1989 (2): 433 –450.

[187] Britt T W, Adler A B, Bartone P T. Deriving benefits from stressful events: the role of engagement in meaningful work and hardiness [J]. Journal of occupational health psychology, 2001, 6 (1): 53 –67.

[188] Browne M W, Cudeck R. Alternative Ways of Assessing Model Fit [J]. Sociological Methods & Research, 1992, 21 (2): 230 –258.

[189] B. Van Den Hooff, J. A. De Ridder. Knowledge sharing in context: the influence of organizational commitment, communication climate and CMC use on knowledge sharing [J]. Journal of Knowledge Management, 2004, 8 (6): 117 –130.

[190] B. Wernerfelt. A resource-based view of the firm [J]. Strategic Management Journal, 1984, 5 (2): 171 –180.

[191] B. Y. Obeidat, A. Tarhini. A Jordanian empirical study of the associations among transformational leadership, transactional leadership, knowledge sharing, job performance, and firm performance [J]. Journal of Management Development, 2016, 35 (5): 681 –705.

[192] Christian M S, Garza A S, Slaughter J E. Work engagement: A quantitative review and test of its relations with task and contextual performance [J]. Personnel psychology, 2011, 64 (1): 89 –136.

[193] C. Maslach, W. B. Schaufeli, M. P. Leiter. Job burnout [J]. Annual Review of Psychology, 2001, 52 (1): 397 –422.

[194] C. M. Brotheridge, R. T. Lee. Testing a conservation of resources model of the dynamics of emotional labor [J]. Journal of Occupational Health Psychology, 2002, 7 (1): 57 –65.

[195] Cochran W G. The distribution of the largest of a set of estimated variances as a fraction of their total [J]. Annals of Eugenics, 2012, 11 (1): 47 – 52.

[196] C. O'dell, C. J. Grayson. If only we knew what we know: Identification and transfer of internal best practices [J]. California Management Review, 1998, 40 (3): 154 – 174.

[197] Cohen W M, Levinthal D A. Absorptive Capacity: A New Perspective on Learning and Innovation [J]. Administrative Science Quarterly, 1990, 35 (1): 128 – 152.

[198] Cole K. Well being, Psychological Capital, and Unemployment: An Integrated Theory. Joint Conference of the International Association for Research in Psychology and the Society for the Advancement of Behavioral Economics [C]. Purism, 2006.

[199] Cooper-Thomas H D, Jessica X, Alan M S. The differential value of resources in predicting employee engagement [J]. Journal of Managerial Psychology, 2018: JMP – 12 – 2017 – 0449. DOI: 10. 1108/JMP – 12 – 2017 – 0449.

[200] C. Rich, B. Ponsler, A. Holroyd, et al. Recognizing engagement in human-robot interaction. 2010 5th ACM/IEEE International Conference on Human-Robot Interaction (HRI) [C]. Hohhot: Inner Mongolia Agricultural University, 2010: 375 – 382.

[201] C. T. Tsai, C. F. Kao. The relationships among motivational orientations, climate for organization innovation, and employee innovative behavior: A test of Amabile's motivational synergy model [J]. Journal of Management, 2004 (21): 571 – 592.

[202] Dansereau F, Graen G, Haga W J. A vertical dyad linkage approach to leadership within formal organizations: A longitudinal investigation of the role making process [J]. Organization Behavior and Human performance, 1975 (13): 46 – 78.

［203］Darr Eric D, Kurtzberg Terri R. An Investigation of Partner Similarity Dimensions on Knowledge Transfer ［J］. Organizational Behavior & Human Decision Processes, 2000, 82 (1): 28 – 44.

［204］Devellis R F. Scale Development: Theory and Applications ［M］. London: Sage Publications, 2003.

［205］Dienesch R M, Liden R C. Leader-member exchange model of leadership: A critique and further development ［J］. Academy of management review, 1986, 11 (3): 618 – 634.

［206］E. Demerouti, A. B. Bakker, F. Nachreiner, et al. The job demands-resources model of burnout ［J］. Journal of Applied Psychology, 2001, 86 (3): 499.

［207］E. Enkel, S. Heil. Preparing for distant collaboration: Antecedents to potential absorptive capacity in cross-industry innovation ［J］. Technovation, 2014, 34 (4): 242 – 260.

［208］Ekvall G. Organizational Climate for Creativity and Innovation ［J］. European Journal of Work and Organizational Psychology, 1996, 5 (1): 105 – 123.

［209］Fishbein M, Ajzen I. Belief, Attitude, Intention and Behaviour: An Introduction to Theory and Research. Addison-Wesley, Reading MA ［J］. Philosophy & Rhetoric, 1977, 41 (4): 842 – 844.

［210］F. Luthans, B. J. Avolio, F. O. Walumbwa, et al. The psychological capital of Chinese workers: Exploring the relationship with performance ［J］. Management and Organization Review, 2005, 1 (2): 249 – 271.

［211］F. Luthans, C. M. Youssef. Human, social, and now positive psychological capital management: Investing in People for Competitive Advantage ［J］. 2004, 33 (2): 143 – 160.

［212］F. Luthans, C. M. Youssef-Morgan. Psychological capital: An evidence-based positive approach ［J］. Annual Review of Organizational Psychology and Organizational Behavior, 2017, 4: 339 – 366.

[213] F. Luthans, G. R. Vogelgesang, P. B. Lester. Developing the psychological capital of resiliency [J]. Human Resource Development Review, 2006, 5 (1): 25 – 44.

[214] Fornell C, Larcker D F. Structural equation models with unobservable variables and measurement error: Algebra and statistics [J]. Journal of Marketing Research (JMR), 1981, 18 (1): 39 – 50.

[215] F. R. Kleysen, C. T. Street. Toward a Multi-dimensional Measure of Individual Innovative Behavior [J]. Journal of Intellectual Capital, 2001, 3 (2): 284 – 296.

[216] G. Alessandri, C. Consiglio, F. Luthans, et al. Testing a dynamic model of the impact of psychological capital on work engagement and job performance [J]. Career Development International, 2018, 23 (1): 33 – 47.

[217] Goldsmith A H, Veum J R, Darity W. The impact of psychological and human capital on wages [J]. Eco nomic Inquiry, 1997, 35 (4): 815 – 829.

[218] Graen G B, Uhl-Bien M. Relationship-based approach to leadership: development of leader-member exchange (LMX) theory of leadership over 25 years: applying a multi-level multi-domain perspective [J]. Leadership Quarterly, 1995, 6 (2): 240 – 247.

[219] G. R. Oldham, A. Cummings. Employee Creativity: Personal and Contextual Factors at Work [J]. Academy of Management Journal, 1996, 39 (3): 607 – 634.

[220] G. Van Heijst, R. Van Der Spek, E. Kruizinga. Corporate memories as a tool for knowledge management [J]. Expert Systems with Applications, 1997, 13 (1): 41 – 54.

[221] G. W. Bock, R. W. Zmud, Y. G. Kim, et al. Behavioral intention formation in knowledge sharing: Examining the roles of extrinsic motivators, social-psychological forces, and organizational climate [J]. MIS Quarterly,

2005, 29（1）: 87 – 111.

［222］ Hair J F, Sarstedt M, Ringle C. Partial Least Squares Structural Equation Modeling: Indeed a Silver Bullet ［M］. Berlin: Springer International Publishing, 2011.

［223］ Hallberg U E, Schaufeli W B. "Same same" but different? Can work engagement be discriminated from jobinvolvement and organizational commitment? ［J］. European Psychologist, 2006, 11（2）: 119 – 127.

［224］ H. Lee, B. Choi. Knowledge management enablers, processes, and organizational performance: An integrative view and empirical examination ［J］. Journal of Management Information Systems, 2003, 20（1）: 179 – 228.

［225］ Hosen R, Soloveyhosen D, Stern L. Education and Capital Development: Capital as Durable Personal, Social, Economic and Political Influences on the Happiness of Individuals ［J］. Education, 2003, 123（Spring）.

［226］ Huhtala H, M L Parzefall. A Review of Employee Well being and Innovativeness: An Opportunity for a Mutual Benefit ［J］. Creativity & Innovation Management, 2010, 16（3）.

［227］ Isaksen S G, Lauer K J, Ekvall G. Situational Outlook Questionaire: A Mearsure of the Climate for Creativity and Change ［J］. Psychological Reports, 1999, 85（6）: 665 – 674.

［228］ James L. R. , Jones A. P. Organizational climate: A review of theory and research ［J］. Psychological Bulletin, 1974, 81（12）: 1096 – 1112.

［229］ J. A. Schumpeter. The theory of economic development ［M］. Cambridge: Harvard University, 1934.

［230］ J. Barney. Firm resources and sustained competitive advantage ［J］. Journal of Management, 1991, 17（1）: 99 – 120.

［231］ J. B. Avey, T. S. Wernsing, F. Luthans. Can positive employees help positive organizational change? Impact of psychological capital and emotions on relevant attitudes and behaviors ［J］. The Journal of Applied Behavioral Science, 2008, 44 (1): 48 – 70.

[232] J. B. Barney. Strategic factor markets: Expectations, luck, and business strategy [J]. Management Science, 1986, 32 (10): 1231 – 1241.

[233] J. Darroch. Knowledge management, innovation and firm performance [J]. Journal of Knowledge Management, 2005, 9 (3): 101 – 115.

[234] J. Girard. Defining knowledge management: Toward an applied compendium [J]. Online Journal of Applied Knowledge Management, 2015, 3 (1): 1 – 20.

[235] J. G. March. Exploration and exploitation in organizational learning [J]. Organization Science, 1991, 2 (1): 71 – 87.

[236] J. H. Kang, G. T. Solomon, D. Y. Choi. CEOs' leadership styles and managers' innovative behaviour: Investigation of intervening effects in an entrepreneurial context [J]. Journal of Management Studies, 2015, 52 (4): 531 – 554.

[237] J. K. Harter, F. L. Schmidt, T. L. Hayes. Business-unit-level relationship between employee satisfaction, employee engagement, and business outcomes: A meta-analysis [J]. Journal of Applied Psychology, 2002, 87 (2): 268 – 287.

[238] J. Moultrie, A. Young. Exploratory study of organizational creativity in creative organizations [J]. Creativity and Innovation Management, 2009, 18 (4): 299 – 314.

[239] Joreskog K F. LISREL VI: Analysis of linear structural relationships by maximum likelihood, instrumental variables, and least square methods [J]. Scientific Software, 1986 (12): 342 – 350.

[240] José F. Molina-Azorín. Microfoundations of strategic management: Toward micro-macro research in the resource-based theory [J]. BRQ Business Research Quarterly, 2014 (17): 102 – 114.

[241] J. R. Halbesleben. A meta-analysis of work engagement: Relationships

with burnout, demands, resources, and consequences [J]. Work engagement: A handbook of essential theory and research, 2010, 8 (1): 102 - 117.

[242] Kamasak R, Bulutlar R. The influence of knowledge sharing on innovation [J]. European Business Review, 2010, 22 (3): 306 - 317.

[243] K. Dalkir. Knowledge management in theory and practice [M]. Cambridge: MIT Press, 2017.

[244] K. M. Wiig. Knowledge management: Where did it come from and where will it go? [J]. Expert Systems with Applications, 1997, 13 (1): 1 - 14.

[245] Letcher L. Psychological Capital and A Behavioral Economic Approach [D]. Manhattan: Kansas State University, 2003.

[246] Lewin K, Lippitt R, White R K. Patterns of Aggressive Behavior in Experimentally Created Social Climates [J]. Journal of Social Psychology, 1939, 10 (2): 269 - 299.

[247] Liden R. C. , Maslyn J. Multidimensionality of leader-member exchange: An empirical assessment through scale development [J]. Journal of Management, 1998, 78: 662 - 674.

[248] Litwin, G. H. & Stringer, R. A. J. Motivation and organizational climate [M]. Boston: Harvard University Press, 1968.

[249] L. M. Weiss. Collection and connection: the anatomy of knowledge sharing in professional service firms [J]. Academy of Management Proceedings, 1999, 1: A1 - A6.

[250] Luthans F, Luthans K W, Luthans B C. Positive psychological capital: Beyond human and social capital [J]. Business Horizons, 2004, 47 (1): 45 - 50.

[251] M. Alavi, D. E. Leidner. Knowledge management and knowledge management systems: Conceptual foundations and research issues [J]. MIS Quarterly, 2001, 25 (1): 107 - 136.

[252] M. A. West, J. L. Farr. Innovation and creativity at work: Psycologi-

cal and organizational strategies [M]. New York: John Wiley, 1990.

[253] May D R, Gilson R L, Harter L M. The psychological conditions of meaningfulness, safety and availability and the engagement of the human spirit at work [J]. Journal of occupational and organizational psychology, 2004, 77 (1): 11 –37.

[254] M. Gloet, M. Terziovski. Exploring the relationship between knowledge management practices and innovation performance [J]. Journal of Manufacturing Technology Management, 2004, 15 (5): 402 –409.

[255] M. J. Benner, M. Tushman. Process management and technological innovation: A longitudinal study of the photography and paint industries [J]. Administrative Science Quarterly, 2002, 47 (4): 676 –707.

[256] M. Kotzé. The influence of psychological capital, self-leadership, and mindfulness on work engagement [J]. South African Journal of Psychology, 2018, 48 (2): 279 –292.

[257] M. L. Tushman, C. A. O'Reilly. Ambidextrous organizations: Managing evolutionary and revolutionary change [J]. California Management Review, 1996, 38 (4): 8 –29.

[258] M. M. Tugade, B. L. Fredrickson. Resilient individuals use positive emotions to bounce back from negative emotional experiences [J]. Journal of Personality and Social Psychology, 2004, 86 (2): 320.

[259] M. T. Hansen. Knowledge networks: Explaining effective knowledge sharing in multiunit companies [J]. Organization Science, 2002, 13 (3): 232 –248.

[260] Nemeth C J, Personnaz M, Personnaz B, et al. The liberating role of conflict in group creativity: A study in two countries [J]. European Journal of Social Psychology, 2004, 34: 365 –374.

[261] N. R. Quigley, P. E. Tesluk, E. A. Locke, et al. A multilevel investigation of the motivational mechanisms underlying knowledge sharing and per-

formance [J]. Organization Science, 2007, 18 (1): 71 – 88.

[262] N. Seyyedeh, F. Daneshgar, A. Aurum. Investigating inter-organizational knowledge sharing intention in supply chain partnership [J]. 20th Australasian Conference on Information Systems, 2009 (1): 894 – 903.

[263] O. Janssen. Job demands, perceptions of effort-reward fairness and innovative work behaviour [J]. Journal of Occupational and Organizational Psychology, 2000, 73 (3): 287 – 302.

[264] P. A. Schumann. Innovate: straight path to quality, customer delight, and competitive advantage [M]. New York: McGraw-Hill, 1994.

[265] Peyman Akhavan, S. Mahdi Hosseini, Morteza Abbasi, et al. Knowledge sharing determinants, behaviors, and innovative work behaviors [J]. Aslib Journal of Information Management, 2015, 67 (5): 562 – 591.

[266] P. F. Drucker. Managing in turbulent times [M]. London: Routledge, 1993.

[267] P. F. Drucker. The practice of innovation: Innovation and Entrepreneurship Practice and Principles [M]. New York: Harper & Row, 1985: 19 – 33.

[268] P. S. Adler, B. Borys. Two types of bureaucracy: Enabling and coercive [J]. Administrative Science Quarterly, 1996, 41 (1): 61 – 89.

[269] R. A. Baron, R. J. Franklin, K. M. Hmieleski. Why entrepreneurs often experience low, not high, levels of stress: The joint effects of selection and psychological capital [J]. Journal of Management, 2016, 42 (3): 742 – 768.

[270] Razak N A, Pangil F, Zin M L M, et al. Theories of Knowledge Sharing Behavior in Business Strategy [J]. Procedia Economics and Finance, 2016, 37: 545 – 553.

[271] R. B. Duncan. The ambidextrous organization: Designing dual structures for innovation [J]. The Management of Organization, 1976, 1 (1): 167 – 188.

[272] Rese A. , Kopplin C. S. , Nielebock C. Factors Influencing Mem-

bers' Knowledge Sharing and Creative Performance in Coworking Spaces [J].
Journal of Knowledge Management, 2020, 24 (9): 2327 – 2354.

[273] R. McAdam, S. Moffett, J. Peng. Knowledge sharing in Chinese
service organizations: A multi case cultural perspective [J]. Journal of Knowl-
edge Management, 2012, 16 (1): 129 – 147.

[274] R. M. Grant. Toward a knowledge-based theory of the firm [J].
Strategic Management Journal, 1996, 17 (S2): 109 – 122.

[275] R. M. Kanter. Three tiers for innovation research [J]. Communica-
tion Research, 1988, 15 (5): 509 – 523.

[276] Rovinelli R J, Hambleton R K. On the use of content specialists in
the assessment of criterion-referenced test item validity [J]. Tijdschrift Voor
Onderwijsresearch, 1977, 2: 49 – 60.

[277] R. Penrose. A generalized inverse for matrices, Proc [J]. Sociolo-
gy, 1959, 51 (3): 406 – 413.

[278] Segars A H, Grover V. Re-examining perceived ease of use and
usefulness [M]. New York: Society for Information Management and The Man-
agement Information Systems Research Center, 1993.

[279] S. E. Hobfoll, A. Shirom, R. Golembiewski. Conservation of re-
sources theory [M]. New York: Marcel Dekker, 2000.

[280] S. E. Hobfoll. Social and psychological resources and adaptation
[J]. Review of general psychology, 2002, 6 (4): 307 – 324.

[281] Seibert S E, Kraimer M L, Crant J M. A longitudinal model linking
proactive personality and career success [J]. Personnel psychology, 2001, 54
(4): 845 – 874.

[282] Seidler-de Alwis, Ragna, Hartmann E. The use of tacit knowledge
within innovative companies: knowledge management in innovative enterprises
[J]. Journal of Knowledge Management, 2008, 12 (1): 133 – 147.

[283] S. G. Scott, R. A. Bruce. Determinants of innovative behavior: A

path model of individual innovation in the workplace [J]. Academy of Management Journal, 1994, 37 (3): 580 – 607.

[284] Shalley C E, Zhou J, Oldham G R. The effects of personal and contextual characteristics on creativity: Where should we go from here? [J]. Journal of management, 2004, 30 (6): 933 – 958.

[285] Shirom A. Feeling vigorous at work? The construct of vigor and the study of positive affect in organizations [J]. Research in organizational stress and well-being, 2003, 3: 135 – 165.

[286] Siegel S M, Kaemmerer W F. Measuring the perceived support for innovation in organizations [J]. Journal of Applied Psychology, 1978, 63 (5): 553 – 562.

[287] S. J. Peterson, F. Luthans, B. J. Avolio, et al. Psychological capital and employee performance: A latent growth modeling approach [J]. Personnel Psychology, 2011, 64 (2): 427 – 450.

[288] S. L. Newbert. Empirical research on the resource-based view of the firm: an assessment and suggestions for future research [J]. Strategic Management Journal, 2007, 28 (2): 121 – 146.

[289] S. P. Digan, G. K. Sahi, S. Mantok, et al. Women's perceived empowerment in entrepreneurial efforts: the role of bricolage and psychological capital [J]. Journal of Small Business Management, 2019, 57 (1): 206 – 229.

[290] S. Raisch, J. Birkinshaw. Organizational ambidexterity: Antecedents, outcomes, and moderators [J]. Journal of Management, 2008, 34 (3): 375 – 409.

[291] Tadic M, Bakker A B, Oerlemans W G M. Challenge versus hindrance job demands and well-being: A diary study on the moderating role of job resources [J]. Journal of Occupational and Organizational Psychology, 2015, 88 (4): 702 – 725.

[292] T. Akram, M. J. Haider, S. T. Hussain. The impact of organizational justice on employee innovative work behavior: Mediating role of knowledge

sharing [J]. Journal of Innovation & Knowledge, 2019, 5 (2): 117 - 129.

[293] T. A. Wright. Positive organizational behavior: An idea whose time has truly come [J]. Journal of Organizational Behavior, , 2003, 24 (4): 437 - 442.

[294] T. Chen, F. Li, K. Leung. When does supervisor support encourage innovative behavior? Opposite moderating effects of general self-efficacy and internal locus of control [J]. Personnel Psychology, 2016, 69 (1): 123 - 158.

[295] Tesluk P E, Farr J L, Klein S R. Influences of organizational culture and climate on individual creativity [J]. Journal of Creative Behavior, 1997, 31 (1): 27 - 41.

[296] T. H. Davenport, L. Prusak. Working knowledge: How organizations manage what they know [M]. Brighton: Harvard Business Publishing, 1998.

[297] T. J. Mom, F. A. Van Den Bosch, H. W. Volberda. Investigating managers' exploration and exploitation activities: The influence of top-down, bottom-up, and horizontal knowledge inflows [J]. Journal of Management Studies, 2010, 44 (6): 910 - 931.

[298] T. M. Amabile. A model of creativity and innovation in organizations [J]. Research in Organizational Behavior, 1988, 10 (1): 123 - 167.

[299] T. S. Kiessling, R. G. Richey, J. Meng, et al. Exploring knowledge management to organizational performance outcomes in a transitional economy [J]. Journal of World Business, 2009, 44 (4): 421 - 433.

[300] T. T. Huang, L. Chen, R. A. Stewart. The moderating effect of knowledge sharing on the relationship between manufacturing activities and business performance [J]. Knowledge Management Research & Practice, 2010, 8 (4): 285 - 306.

[301] V. H. Vroom. Work and motivation [M]. New York: Wiley, 1964.

[302] Volmer J, Spurk D, Niessen C. Leader-member exchange (LMX), job autonomy, and creative work involvement [J]. The Leadership Quarterly, 2012, 23 (3): 456 - 465.

[303] W. A. Kahn. Psychological conditions of personal engagement and disengagement at work [J]. Academy of management journal, 1990, 33 (4): 692 – 724.

[304] W. B. Schaufeli, M. Salanova, V. González-Romá, et al. The measurement of engagement and burnout: A two sample confirmatory factor analytic approach [J]. Journal of Happiness Studies, 2002, 3 (1): 71 – 92.

[305] Wefald A J, Downey R G. Construct dimensionality of engagement and its relation with satisfaction [J]. The Journal of Psychology, 2009, 143 (1): 91 – 112.

[306] W. H. Macey, B. Schneider, K. M. Barbera, et al. Employee engagement: Tools for analysis, practice, and competitive advantage [M]. Hoboken: John Wiley & Sons: 2011.

[307] W. L. Wu, Y. C. Lee. Do employees share knowledge when encountering abusive supervision? [J]. Journal of Managerial Psychology, 2016, 31 (1): 154 – 168.

[308] Woodman R W, Sawyer J E, Griffin R W. Toward a theory of organizational creativity [J]. Academy of Management Review, 1993, 18 (2): 293 – 321.

[309] W. Tsai. Knowledge transfer in intraorganizational networks: Effects of network position and absorptive capacity on business unit innovation and performance [J]. Academy of Management Journal, 2001, 44 (5): 996 – 1004.

[310] Xia H., Li J., Weng J., et al. Collaborative Knowledge Sharing in Global Distributed Teams: Antecedents of Innovation Performance [J]. Journal of Knowledge Management, 2021, 25 (10): 2523 – 2539.

[311] X. Li, J. Zhang, S. Zhang, M. Zhou. A multilevel analysis of the role of interactional justice in promoting knowledge-sharing behavior: The mediated role of organizational commitment [J]. Industrial Marketing Management, 2017, 62: 226 – 233.

附录 A　中国企业员工创新行为影响因素问卷调查初始问卷

亲爱的先生/女士：

非常感谢您在百忙之中填写这份问卷！本次问卷调查纯粹出于学术研究目的，旨在了解员工创新行为的影响因素和强度。本问卷为匿名调查，内容不涉及个人隐私。所获得的信息不会用于任何商业目的。问卷答案没有对错之分，我们承诺对您的所有答案严格保密。

非常感谢您的热情帮助！祝您身体健康，工作顺利！

注意：

1. 请根据您的实际情况在标题后面相应位置打"√"。

2. 请完整填写问卷，不完整的问卷会使您的问卷失去研究价值。请不要遗漏任何项目。谢谢大家！

3. 本调查没有正确答案，请选择最接近您想法的答案。

第一部分　个人基本信息

1. 您的性别：○男　○女

2. 您的年龄：

○20～29 岁　○30～39 岁　○40～49 岁　○ 50～59 岁

3. 您的教育水平：

○初中及以下

○高中（中专）

○专科

○本科

○硕士

○博士及以上

4. 您的职位级别：

○普通员工

○一线经理

○中级经理

○高级经理

○企业家

5. 您在该企业的工作年限：

○不到 1 年

○1～3 年

○4～6 年

○7～10 年

○10 年以上

6. 贵公司的性质：

○国有企业

○外资企业

○私营企业

○其他形式

第二部分　变量测量

请根据您在工作中的实际行为在标题后面相应位置打"√"。"1"表示测量内容与自己的工作行为完全不一致；"2"表示测量内容与自己的工作行为较少一致；"3"表示测量内容与自己的工作行为部分一致；"4"表示测量内容与自己的工作行为基本一致；"5"表示测量内容与自己的工作行为完全一致。

2.1　员工创新行为

No.	测量项目	得分				
		1	2	3	4	5
利用式创新						
1	我会持续提高产品质量，降低成本					
2	我会持续提高产品和服务的可靠性					
3	我会持续提高操作的自动化水平					
4	我会持续调查现有客户的满意度					
5	我会持续提高产品质量，让客户满意					
探索式创新						
6	我会跳出思维定式去寻找新的技术想法					
7	我会增强对新技术的探索能力					
8	我会为公司创造新产品或服务					
9	我会寻找新的方法来满足顾客的需求					
10	我会对现有产品进行细分和开发					

2.2　心理资本

No.	测量项目	得分				
		1	2	3	4	5
自我效能						
1	我相信我能够分析长期问题并找到解决方案					
2	在我目前的工作中，我觉得我能处理很多事情					
乐观						
3	与管理层会面时，我有信心陈述我工作范围内的事情					
4	我认为我所面对的任何问题都有很多解决方案					
希望						
5	在工作中，当我面临不确定性时，我通常会期待最好的结果					
韧性						
6	当我在工作中遇到挫折时，我会很快恢复并继续前进					

2.3　工作投入

No.	测量项目	得分				
		1	2	3	4	5
	身体投入					
1	我尽力做好我的工作					
2	我在工作中投入了大量精力					
3	我尽最大努力完成工作					
	情感投入					
4	我热爱我的工作					
5	我在工作中感到精力充沛					
6	我对我的工作感兴趣					
	认知投入					
7	我会密切关注我的工作					
8	我会全力投入我的工作					

2.4　知识分享

No.	测量项目	得分				
		1	2	3	4	5
	知识分享意愿					
1	我愿意与他人分享我的知识和经验					
2	我会尽力回答同事们提出的问题					
3	我会尽力向我的同事们提供需要的信息和资料					
4	当我参与讨论时，我尽力陈述我的观点					
	知识分享能力					
5	我能快速找到开展工作所需的知识					
6	我能够向同事清楚地解释或展示我的工作所需知识和技能					
7	我能给我的同事合理建议，让他们按时完成工作					
8	我乐于接受新思想或新事物					

2.5 组织创新氛围

No.	测量项目	得分				
		1	2	3	4	5
资源供应						
1	企业为员工提供充足的学习机会，并鼓励员工参与学习活动					
2	企业重视信息的收集和新知识的获取与交流					
3	企业通常为员工的创新想法提供奖励					
团队协作						
4	团队成员相互支持和帮助					
5	组织欣赏和认可具有创新和进取精神的员工					
领导效能						
6	领导尊重和容忍员工的不同意见和反对意见					
7	领导支持并鼓励下属表达他们的新观点					

2.6 领导—成员交换

No.	测量项目	得分				
		1	2	3	4	5
情感						
1	我喜欢领导的为人处世					
2	我喜欢与我的领导交往					
忠诚						
3	当我受到攻击时，领导会为我辩护					
4	当我无意中犯错时，领导会为我解围					
贡献						
5	为了领导，我不介意做额外的工作					
6	我会尽最大努力去完成领导交付的任何工作					
专业尊敬						
7	我的领导的工作知识和能力是有目共睹的					
8	我的领导的专业技能令人羡慕					

附录 B　中国企业员工创新行为影响因素问卷调查正式问卷

亲爱的先生/女士：

　　非常感谢您在百忙之中填写这份问卷！本次问卷调查纯粹出于学术研究目的，旨在了解员工创新行为的影响因素和强度。本问卷为匿名调查，内容不涉及个人隐私。所获得的信息不会用于任何商业目的。问卷答案没有对错之分，我们承诺对您的所有答案严格保密。

　　非常感谢您的热情帮助！祝您身体健康，工作顺利！

　　注意：

　　1. 请根据您的实际情况在标题后面相应位置打"√"。

　　2. 请完整填写问卷，不完整的问卷会使您的问卷失去研究价值。请不要遗漏任何项目。谢谢大家！

　　3. 本调查没有正确答案，请选择最接近您想法的答案。

第一部分　个人基本信息

1. 您的性别：○男　　○女

2. 您的年龄：

○20～29 岁　　○30～39 岁　　○40～49 岁　　○ 50～59 岁

3. 您的教育水平：

○初中及以下

○高中（中专）

○专科

○本科

○硕士

○博士及以上

4. 您的职位级别：

○普通员工

○一线经理

○中级经理

○高级经理

○企业家

5. 您在该企业的工作年限：

○不到 1 年

○1～3 年

○4～6 年

○7～10 年

○10 年以上

6. 贵公司的性质：

○国有企业

○外资企业

○私营企业

○其他形式

第二部分　变量测量

请根据您在工作中的实际行为在标题后面相应位置打"√"。"1"表示测量内容与自己的工作行为完全不一致；"2"表示测量内容与自己的工作行为较少一致；"3"表示测量内容与自己的工作行为部分一致；"4"表示测量内容与自己的工作行为基本一致；"5"表示测量内容与自己的工作行为完全一致。

2.1 员工创新行为

No.	测量项目	得分				
		1	2	3	4	5
利用式创新						
1	我会持续提高产品质量，降低成本					
2	我会持续提高产品和服务的可靠性					
3	我会持续提高操作的自动化水平					
4	我会持续调查现有客户的满意度					
探索式创新						
5	我会跳出思维定式去寻找新的技术想法					
6	我会增强对新技术的探索能力					
7	我会为公司创造新产品或服务					
8	我会寻找新的方法来满足顾客的需求					

2.2 心理资本

No.	测量项目	得分				
		1	2	3	4	5
自我效能						
1	我相信我能够分析长期问题并找到解决方案					
2	在我目前的工作中，我觉我能处理很多事情					
乐观						
3	与管理层会面时，我有信心陈述我工作范围内的事情					
4	我认为我所面对的任何问题都有很多解决方案					
希望						
5	在工作中，当我面临不确定性时，我通常会期待最好的结果					
韧性						
6	当我在工作中遇到挫折时，我会很快恢复并继续前进					

2.3 工作投入

No.	测量项目	得分				
		1	2	3	4	5
	身体投入					
1	我尽力做好我的工作					
2	我在工作中投入了大量精力					
	情感投入					
3	我热爱我的工作					
4	我在工作中感到精力充沛					
	认知投入					
5	我会密切关注我的工作					
6	我会全力投入我的工作					

2.4 知识分享

No.	测量项目	得分				
		1	2	3	4	5
	知识分享意愿					
1	我愿意与他人分享我的知识和经验					
2	我会尽力回答同事们提出的问题					
3	我会尽力向我的同事们提供需要的信息和资料					
	知识分享能力					
4	我能快速找到开展工作所需的知识					
5	我能够向同事清楚地解释或展示我的工作所需知识和技能					
6	我能给我的同事合理的建议，让他们按时完成工作					

2.5 组织创新氛围

No.	测量项目	得分				
		1	2	3	4	5
	资源供应					
1	企业为员工提供充足的学习机会，并鼓励员工参与学习活动					
2	企业重视信息的收集和新知识的获取与交流					

续表

No.	测量项目	得分				
		1	2	3	4	5
3	企业通常为员工的创新想法提供奖励					
团队协作						
4	团队成员相互支持和帮助					
5	组织欣赏和认可具有创新和进取精神的员工					
领导效能						
6	领导尊重和容忍员工的不同意见和反对意见					
7	领导支持并鼓励下属表达他们的新观点					

2.6　领导—成员交换

No.	测量项目	得分				
		1	2	3	4	5
情感						
1	我喜欢领导的为人处世					
2	我喜欢与我的领导交往					
忠诚						
3	当我受到攻击时，领导会为我辩护					
4	当我无意中犯错时，领导会为我解围					
贡献						
5	为了领导，我不介意做额外的工作					
6	我会尽最大努力去完成领导交付的任何工作					
专业尊敬						
7	我的领导的工作知识和能力是有目共睹的					
8	我的领导的专业技能令人羡慕					

附录 C　关于中国企业员工创新行为影响因素深度访谈提纲

亲爱的先生/女士：

　　非常感谢您在百忙之中接受我们的采访。本次访谈旨在深入了解中国企业员工创新行为的影响因素和强度。您的真实回答将有助于我们修改和完善《中国员工创新行为影响因素问卷》的相关内容。我们郑重承诺，您的回答将严格保密，采访不会涉及个人隐私，获得的信息不会用于任何商业目的。

　　1. 您对中国企业员工创新行为的总体评价是什么？为什么？

　　2. 影响员工创新行为的个人因素有哪些？其中影响最大的因素是什么？

　　3. 影响员工创新行为的组织因素有哪些？其中影响最大的因素是什么？

　　4. 影响员工创新行为的领导因素有哪些？其中影响最大的因素是什么？

　　5. 您认为应该采取什么措施来促进中国企业员工的创新行为？

　　6. 您还有其他建议吗？

附录 D 正式问卷的 IOC 结果

问题 （变量 + 代码）	专家						总得分 Total	IOC 得分
	1	2	3	4	5	6		
EIB01	+ 1	+ 1	+ 1	+ 1	+ 1	+ 1	+ 6	1
EIB02	+ 1	+ 1	+ 1	+ 1	+ 1	+ 1	+ 6	1
EIB03	+ 1	+ 1	+ 1	+ 1	+ 1	+ 1	+ 6	1
EIB04	+ 1	+ 1	+ 1	+ 1	+ 1	+ 1	+ 6	1
EIB05	+ 1	+ 1	+ 1	+ 1	+ 1	+ 1	+ 6	1
EIB06	+ 1	+ 1	+ 1	+ 1	+ 1	+ 1	+ 6	1
EIB07	+ 1	+ 1	+ 1	+ 1	+ 1	+ 1	+ 6	1
EIB08	+ 1	+ 1	+ 1	+ 1	+ 1	+ 1	+ 6	1
PC01	+ 1	+ 1	+ 1	+ 1	+ 1	+ 1	+ 6	1
PC02	+ 1	+ 1	+ 1	+ 1	+ 1	+ 1	+ 6	1
PC03	+ 1	+ 1	+ 1	+ 1	+ 1	+ 1	+ 6	1
PC04	+ 1	+ 1	+ 1	+ 1	+ 1	+ 1	+ 6	1
PC05	+ 1	+ 1	+ 1	+ 1	+ 1	+ 1	+ 6	1
PC06	+ 1	+ 1	+ 1	+ 1	+ 1	+ 1	+ 6	1
WE01	+ 1	+ 1	+ 1	+ 1	+ 1	+ 1	+ 6	1
WE02	+ 1	+ 1	+ 1	+ 1	+ 1	+ 1	+ 6	1
WE03	+ 1	+ 1	+ 1	+ 1	+ 1	+ 1	+ 6	1
WE04	+ 1	+ 1	+ 1	+ 1	+ 1	+ 1	+ 6	1
WE05	+ 1	+ 1	+ 1	+ 1	+ 1	+ 1	+ 6	1
WE06	+ 1	+ 1	+ 1	+ 1	+ 1	+ 1	+ 6	1
KS01	+ 1	+ 1	+ 1	+ 1	+ 1	+ 1	+ 6	1
KS02	+ 1	+ 1	+ 1	+ 1	+ 1	+ 1	+ 6	1
KS03	+ 1	+ 1	+ 1	+ 1	+ 1	+ 1	+ 6	1

续表

| 问题 | 专家 | | | | | | 总得分 | IOC |
(变量+代码)	1	2	3	4	5	6	Total	得分
KS04	+1	+1	+1	+1	+1	+1	+6	1
KS05	+1	+1	+1	+1	+1	+1	+6	1
KS06	+1	+1	+1	+1	+1	+1	+6	1
OIC01	+1	+1	+1	+1	+1	+1	+6	1
OIC02	+1	+1	+1	+1	+1	+1	+6	1
OIC03	+1	+1	+1	+1	+1	+1	+6	1
OIC04	+1	+1	+1	+1	+1	+1	+6	1
OIC05	+1	+1	+1	+1	+1	+1	+6	1
OIC06	+1	+1	+1	+1	+1	+1	+6	1
OIC07	+1	+1	+1	+1	+1	+1	+6	1
LMX01	+1	+1	+1	+1	+1	+1	+6	1
LMX02	+1	+1	+1	+1	+1	+1	+6	1
LMX03	+1	+1	+1	+1	+1	+1	+6	1
LMX04	+1	+1	+1	+1	+1	+1	+6	1
LMX05	+1	+1	+1	+1	+1	+1	+6	1
LMX06	+1	+1	+1	+1	+1	+1	+6	1
LMX07	+1	+1	+1	+1	+1	+1	+6	1
LMX08	+1	+1	+1	+1	+1	+1	+6	1
IOC Average								1.00